訂）肢体不自由児の教育（'20）

0　川間健之介・長沼俊夫

・ブックデザイン：畑中　猛

肢体不自由児

川間健之介・長沼俊

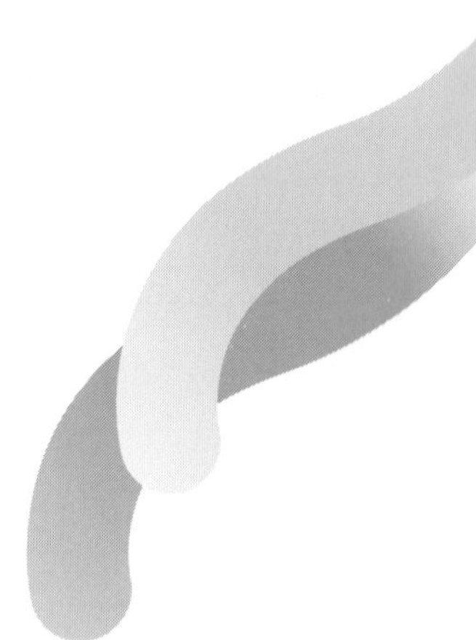

（新

©202

装丁

s-61

まえがき

「肢体不自由児の教育」は，肢体不自由児の教育についての基礎・基本を学び，障害の多様な肢体不自由児に適切に対応するために設けられた科目である。

肢体不自由児の教育の対象である幼児児童生徒の肢体不自由の原因は，昭和 40（1965～）年代までは，脳性まひ，ポリオ，先天性股関節脱臼，結核性骨・関節疾患が，四大疾患と言われていた。しかし，近年は，医学の進歩等によっても予防や治療が困難な，脳性まひを中心とする脳原性疾患が，肢体不自由児の教育の対象でもっとも大きな比重を占めている。この脳原性疾患は，脳の病変によって生じるものであるが，病変の範囲によっては，肢体不自由ばかりでなく，知的障害，言語障害，視覚障害，健康障害など，複数の障害を伴うことが少なくない。

近年の特別支援学校（肢体不自由）では，肢体不自由がある単一障害の幼児児童生徒は 1 割程度であり， 9 割の幼児児童生徒には，肢体不自由に加えて知的障害を併せ有するなど，重複障害がある。このように肢体不自由教育においては，幼児児童生徒の障害の重度化・重複化，多様化への対応が大きな課題となっている。

肢体不自由児に対する教育は，長年にわたって，主として肢体不自由養護学校や小学校，中学校の肢体不自由特殊学級において行われてきた。平成 19（2007）年から従来の盲・聾・養護学校の制度は，複数の障害を受け入れることのできる特別支援学校の制度に転換された。また，平成 24（2012）年のインクルーシブ教育推進のための制度の転換により，特別支援学校への就学に該当する児童生徒も地域の小中学校へ就学することが増えてきた。この場合には，障害のある児童生徒の学習が不利にならないように，可能な限りの環境整備と合理的配慮が行われることになる。また，交流学習及び共同学習の推進により，肢体不自由特別支援学校に在籍する児童生徒が居住地の小中学校へ交流することも増えてきている。小中学校にある肢体不自由の通級指導だけでなく，特別支援学校における通級による指導も増えている。

このように肢体不自由のある幼児児童生徒の教育の場は，広がりを見せており，特別支援学校の教員だけでなく，多くの教員が肢体不自由児の教育に必要な基礎的・基本的事項を身に付け，肢体不自由のある幼児児童生徒一人一人に対して，適切な指導と必要な支援が行われることを期待したい。

本書は，肢体不自由児の生理・病理と心理，教育課程，指導法について解説・紹介したものである。本書の内容を十分に理解するとともにさまざまな障害について解説した「特別支援教育基礎論」，「特別支援教育総論」も併せて視聴されたい。

本書で解説，紹介する内容が，今後の肢体不自由教育の充実，発展に少しでも役立てば幸いである。そして，特別支援学校教諭免許状の取得を目指している方だけではなく，全国の幼稚園，小学校，中学校，高等学校の教職員についても本書を手にとっていただければ幸いである。

ご多様の中，原稿を執筆して頂いた先生方には心よりお礼申し上げるとともに，本書の編集にご尽力くださった川合季彦氏をはじめ，関係の方々に心から感謝申し上げる。

令和元（2019）年 11 月

川間　健之介

目次

1　肢体不自由教育の実際
—特別支援学校を中心に—

川間健之介

《目標＆ポイント》 肢体不自由のある児童生徒の学ぶ場には，小学校，中学校，高等学校等の通常の学級，小学校と中学校の肢体不自由特別支援学級と通級による指導及び肢体不自由特別支援学校がある。肢体不自由特別支援学校では，幼児児童生徒一人一人の状態に応じて，さまざまな教育活動が行われている。本章では，これらの概略について知ることが目的である。
《キーワード》 肢体不自由特別支援学級，通級による指導，肢体不自由特別支援学校

第１節　肢体不自由児の学ぶ場

1　幼稚園，小学校，中学校，高等学校

肢体不自由が重度であっても多くの幼児児童生徒が，幼稚園，小学校，中学校，高等学校，中等教育学校の通常の学級において学んでいる。車いすを使用している場合は，教室内でのスペースの確保，校内の段差の解消，教室を１階にするあるいは階段に昇降機を設置するなど環境整備が必要となる。また車いす利用者が使用できるトイレの設置も必要である。

学習において筆記に困難がある場合は，個々に応じた自助具や補助具を活用することが必要で，近年ではタブレット PC の利用も増えている。特別支援教育支援員（以下「支援員」という）等が配置され，校内の移動やトイレの介助とともに授業において支援を行っていることも多

い。体育の授業では，かつては見学に留まることも多かったが，その単元の中で個別課題を設定して参加することが増えている。

学校生活を送る上でどのような配慮を行えばよいのかを学校と本人，保護者がしっかりと話し合う必要があるが，近年は，肢体不自由特別支援学校からコーディネーターが訪れ，肢体不自由児が在籍している学校の教員へ，具体的な支援方法について助言を行うことが増えてきている。

2　小学校，中学校の特別支援学級

肢体不自由特別支援学級では，通常の授業に加えて，障害による学習上及び生活上の困難を改善克服するための自立活動の指導が行われる。また，都道府県によってその設置数がかなり異なっている。児童生徒の障害の状態も，自力での移動が可能な場合から全介助に至るまでさまざまであり，学年相応の教科の学習を行っている場合もあれば，自発的なコミュニケーションが困難である場合もある。全国的に見ると，在籍する児童生徒数が１名の学級が多い。特別支援学級において肢体不自由に対する指導を受けながら，可能な範囲で通常の学級で各教科の授業を受けることが一般的である。

3　小学校，中学校における通級による指導

通級による指導は，小学校や中学校の通常の学級に在籍しながら，週に数時間（１～８時間），障害の状態を改善・克服するための指導を受けるものである。言語障害や発達障害では，多くの児童生徒が通級による指導を受けているが，肢体不自由ではごく限られた地域でしか行われていない。その理由は，肢体不自由のある児童生徒の多くが病院にてリハビリテーションを受けているためである。近年は肢体不自由特別支援学校から教師が小・中学校を巡回する形の通級による指導が増えてきている。

4　特別支援学校

肢体不自由特別支援学校の教育内容は，基本的には，それぞれの学年の各教科の内容と自立活動の内容が中心となる。しかしながら，児童生徒の障害の状態や発達の段階等に応じて，適切に教育内容を設定できるように学校教育法施行規則や学習指導要領に示されている。それらは，①各教科の各学年の目標及び内容の一部又は全部を，当該学年の前各学年の目標及び内容の一部又は全部によって，替えることができる，②知的障害を併せ有する者については，各教科又は各教科の目標及び内容に関する事項の一部又は全部を，当該各教科に相当する知的障害特別支援学校の各教科又は各教科の目標及び内容の一部又は全部によって替えることができる，③重複障害者のうち，障害の状態により特に必要がある場合には，各教科，道徳科，外国語活動若しくは特別活動の目標及び内容に関する事項の一部又は各教科，外国語活動若しくは総合的な学習の時間に替えて，自立活動を主として指導を行うことができる，ことなどである。

また，個々の児童または生徒が自立を目指し，障害による学習上または生活上の困難な状態を主体的に改善・克服するために必要な知識，技能，態度及び習慣を養い，もって心身の調和的発達の基盤を培うことを目標として設定されている自立活動の指導も重点的に行われている。

第２節　肢体不自由特別支援学校における学校生活

1　１日の流れ

1）　通学

自宅生では，自力通学の児童生徒はほとんどおらず，多くがスクールバスを利用している。肢体不自由特別支援学校は校区が広いため，１時間半程度スクールバスに乗って通学している場合もある。保護者が，自家用車で送迎していることも少なくない。学校に隣接している医療機関や学校内の寄宿舎の場合は，自力で通学していることもある。

2） 学級編制

一つの学級は，障害がひじょうに重度である場合は3名，それ以外の場合は，小・中学部については6名，高等部については8名からなるのが標準である。重度の障害のある場合は，ほとんどマンツーマンで教師が指導にあたっている。授業は，学部ごとに行われるが，児童生徒の発達や障害の状態に応じて学習グループを編成して行っていることが多い。

3） 給食

給食は，ランチルームか教室でとっているが，自力で食べることが困難である児童生徒が多いため，教師が食事介助にあたっている。また，食物を噛んだり，飲み込んだりすることに困難がある児童生徒も多いため，給食は一人一人の食べる機能に合わせて，ペースト状，かなり柔らかめ，やや柔らかめ，通常，のように食形態が工夫されている。重度の障害があるため，経口で食物を摂取できない場合には，鼻腔栄養チューブや胃ろうによって摂取する児童生徒もいる。

4） 排泄

トイレも自力で排泄できる児童生徒が少ないことから，ほとんどは教師が介助しており，排泄機能の状態やまひなどの状態から，排泄の姿勢を工夫することが必要となることも多く，当該児専用の排泄いすを使用することも多い。重度の障害がある児童生徒の場合は，おむつを使用している。

2 学校行事など

運動会では，通常の小・中・高等学校のように，走ったり，演技することができなかったりするため，さまざまな工夫が行われている。例えば，移動手段が，自力歩行，クラッチ歩行，歩行器の使用，車いすでの自力移動，電動車いすの使用，介助されての車いすなどさまざまであるため，移動手段が同程度の児童生徒での競争や，移動手段によって走行距離にハンディをつけるなどの工夫を行っている。

遠足や校外学習，修学旅行などは，移動に介助が必要な児童生徒が多いため，多くのボランティアにサポートしてもらう必要がある。また，食事も通常の店舗では対応できないため，事前の打ち合わせを十分に行わなくてはならず，トイレも車いすの使用できる場所を事前にチェックしておかなければならない。

3　各教科を中心とした授業を受ける児童生徒の指導

小学校，中学校，高等学校に準じて，各教科の学習を行う児童生徒の場合である。一人一人の学習の習得状況に応じて，当該学年の前の教科の内容を指導することもある。授業では個々の児童生徒に応じてさまざまな配慮が行われる。児童生徒の肢体不自由の状態に応じて，教科書，黒板，教材・教具が見えやすい姿勢，ノートに書いたり，定規やはさみを使ったりしやすい姿勢などを工夫する必要があり，場合によっては車いすや姿勢保持いすを使用する必要がある。また，カットアウトテーブル，アームレスト，ペンホルダーなどで上肢の操作性を高める支援が必要である。書くことが困難な児童生徒の中には，パソコンやタブレットPCを使用する場合もある。

強度の近視や遠視，斜視，あるいは脳室周囲白質軟化症による視知覚障害など，いわゆる「見えにくさ」のある児童生徒に対しては，小学校や中学校で使用している教科書やプリントをそのまま使用することはせず，第11章で述べているような，見えやすさを工夫する必要がある。

小学校，中学校，高等学校に準じて，各教科の学習を行う児童生徒は，肢体不自由特別支援学校に在学している児童生徒の１割程度であるため，国語や算数・数学については，教師と１対１で授業を行ったり，複数学年の児童生徒が一緒になり，３～４名程度の学習集団を編成して授業を行ったりしていることが多い。このため，学習内容によっては，適切な学習集団とは言えないこともある。

4　知的障害を伴う児童生徒の指導

肢体不自由に知的障害を伴う児童生徒の場合には，小学校，中学校，高等学校の教科に替えて，知的障害者を教育する特別支援学校の各教科（知的障害教科）を指導することができる。知的障害教科は，小学校，中学校，高等学校の各教科科目の目標と内容と連続性を保ちつつ，知的障害のある児童生徒に合わせて設定されているものである。学習指導要領では各教科ごとに小学部は３段階，中学部は２段階，高等部は２段階を設定して目標と内容が示されている。各教科の指導は，個々の児童生徒の学習の習得状況を踏まえて，適切な指導目標・内容を選択して行う。

知的障害のある児童生徒の指導においては，指導方法の工夫として，知的障害教科の各教科や領域を合わせて指導を行うことができることになっている。例えば，「日常生活の指導」と言われる場合は，衣服の着脱，排泄，整容，係活動などの日常生活上の活動を授業として組織化しているものである。知的発達の状態が乳幼児期にある児童生徒に対しては，遊びを通して，認知，コミュニケーション，社会性の力を育てていくことが重要だと考えられていることから「遊びの指導」が行われていることがある。また，知的障害教育で行われている「生活単元学習」も行われることがある。これは，児童生徒が生活上の目標を達成したり，課題を解決したりするために，一連の活動を組織的に経験することによって，自立的な生活に必要な事柄を実際的・総合的に学習するものである。生活単元学習は，生活科の内容を中心に構成されるが，各教科，道徳科，特別活動，自立活動の内容が含まれる。「作業学習」は主に高等部を中心に行われているが，「将来何らかの生産活動に従事すること」を念頭に置き，その準備のために，それに必要な知識，技能及び態度を，窯業，木工，染め物をなど学校ごとに設定した作業を通して，育成するものである。

これらの各教科や領域を合わせて指導する際の留意点としては，肢体不自由があるために実際に集団で活動することや，移動したり，作業をしたりすることに困難があるため，すべての活動に教師の介助が必要となる場合も多い。そうしたときには，知的障害特別支援学校で行われている内容をそのまま行うことは適切でなく，さまざまな工夫が必要となってくる。

5　重度・重複障害のある児童生徒の指導

重度・重複障害のある児童生徒においては，小・中・高等学校の各教科の目標や内容，必要に応じて，知的障害特別支援学校の各教科の目標や内容を指導することになる。そして，特に必要がある場合には，自立活動を主として指導することができることになっている。自力で立つことが困難で，かつ，音声言語によるコミュニケーションも困難である児童生徒に対して，自立活動を主とした指導を行うことが多い。授業は，各児童生徒に応じて，各教科と自立活動内容を合わせて実施されることが多い。コミュニケーションや認知の発達を促す指導や健康状態を維持する内容等が多い。

また，自立活動を主として指導されている児童生徒では，食事や排泄が全介助の場合が多く，呼吸や摂食機能について医療的ケアが必要である場合も多い。

学習課題

◆特別支援学校の多くは，「学校公開」を実施しています。Webページのお知らせなどを調べて，実際の特別支援学校を見学してみよう。

引用・参考文献

1） 川間健之介，西川公司編『改訂版　肢体不自由児の教育』（一般財団法人放送大学教育振興会，2014）
2） 安藤隆男，藤田継道編著『よくわかる肢体不自由教育』（ミネルヴァ書房，2015）

2　肢体不自由教育の歴史と現状

下山直人

《目標＆ポイント》 肢体不自由という用語の概念と学校教育の現状を学習する。肢体不自由教育の成立には，整形外科学が寄与していることを知るとともに，わが国における肢体不自由教育の発足と発展の道筋を理解する。また，肢体不自由教育対象児の障害の重度・重複化，多様化に伴い，一人一人の児童生徒の実態に即したきめ細かな指導が重要になっていることを知る。
《キーワード》 肢体不自由，肢体不自由教育の歴史，養護学校教育の義務制，障害の重度・重複化，多様化

第1節　肢体不自由と教育

1　肢体不自由とは

1）肢体不自由の定義

文部科学省が作成している教育支援資料（平成25〈2013〉年）によれば，「肢体不自由とは，身体の動きに関する器官が，病気やけがで損なわれ，歩行や筆記などの日常生活動作が困難な状態をいう」と定義されている。身体の動きに関する器官としては，骨，関節，筋肉，神経等がある。こうした器官やその働きが，病気やけがのために失われたり不完全になったりし，その結果として歩行，筆記などの日常生活動作がまったくできないか，ひじょうに難しい状態を肢体不自由としている。

「肢体不自由」という用語は，今日，教育に限らず，医療，福祉，労働等の各分野で用いられている。そもそもこの語は，わが国における肢

図 2 - 1　高木憲次

体不自由療育事業の祖とされる高木憲次（1889 ～ 1963）（図 2 - 1）によって，昭和の初期に提唱された。昭和 25（1950）年，日本整形外科学会は，高木が提案した「肢体の機能に不自由なところがあり，そのままでは将来生業を営む上に支障をきたすおそれのあるものを肢体不自由児とする（但し，著しき知能低下者を除く）」を採択した。「肢体」は四肢と体幹を指し，四肢は上肢と下肢，体幹は脊柱を中心とした上半身であるが頭部や腹部の内臓諸器官は含まない。高木の定義は，将来生業を営む可能性を問題にするとともに，重度の知的障害を併せ有する者を除いており，肢体不自由のある者の一部を対象としていた。

この定義は，昭和 20 年代（1945 ～）後半，教育行政においても採用されたが，肢体不自由教育対象者の障害が重度になるにつれて対象がとらえきれなくなり，今日では，冒頭で述べた定義が採用されている。

2） 特別支援教育の対象としての肢体不自由

特別支援教育については，学校教育法等の法令に種々の規定がある。肢体不自由は，視覚障害や知的障害などとともに，特別支援教育の対象となる障害種の一つとして定められている。

肢体不自由のある幼児児童生徒の教育の場としては，幼稚園，小学校，中学校，高等学校等の通常の学級，通級による指導，特別支援学級及び特別支援学校が挙げられる。通級による指導，特別支援学級及び特別支援学校の対象者は，法令や文部科学省の通知に示されている（表 2 - 1）。

表中の「補装具」とは，身体の欠損または機能の損傷を補い，日常生活または学校生活を容易にするために必要な用具であり，具体的には，義手，義足，車いす，つえ等がある。「日常生活における基本的な動作」とは，歩行，食事，衣服の着脱，排泄等の身辺処理動作及び描画等の学習活動のための基本的な動作のことである。「不可能又は困難」とは，歩行，筆記等がまったくできないか，できたとしても同年齢の子供に比較して，その速度や正確さまたは継続性の点で実用性に欠け，学習活動や移動等に支障が見られる状態を指す。「常時の医学的観察指導を必要とする」とは，医師の判断によって障害児入所支援（医療型障害児入所施設等）等へ入所し，起床から就寝に至るまで医学的視点からの観察が必要で，日常生活の一つ一つの運動・動作について指導・訓練を受けることが必要な状態である。

また，特別支援学級の欄に示されている「軽度の困難」とは，特別支援

表 2 - 1　肢体不自由教育の場と対象

教育の場	対象
特別支援学校	1 肢体不自由の状態が補装具の使用によっても歩行，筆記等日常生活における基本的な動作が不可能又は困難な程度のもの 2 肢体不自由の状態が前号に掲げる程度に達しないもののうち，常時の医学的観察指導を必要とする程度のもの （学校教育法施行令第 22 条の 3）
特別支援学級	補装具によっても歩行や筆記等日常生活における基本的な動作に軽度の困難がある程度のもの （平成 25 年 10 月 4 日付け 25 文科初第 756 号初等中等教育局長通知）
通級による指導	肢体不自由の程度が，通常の学級での学習におおむね参加でき，一部特別な指導を必要とする程度のもの （平成 25 年 10 月 4 日付け 25 文科初第 756 号初等中等教育局長通知）

学校への就学の対象となる程度まで重度ではないが，例えば，筆記や歩行等の動作が可能であっても，その速度や正確さまたは持続性の点で同年齢の子供と比べて実用性が低く，学習活動，移動等に多少の困難が見られ，小・中学校における通常学級での学習が難しい程度を指している。

3） 就学に向けた教育的支援

従前は，表2-1の特別支援学校の対象に示された規定に該当する子供は，特別支援学校の就学が原則とされていた。平成25（2013）年，学校教育法施行令の改正により，この原則は改められ，障害の状態，本人の教育的ニーズ，本人・保護者の意見，専門的見地からの意見等を踏まえた総合的な観点から就学先を決定する仕組みとなった。市町村教育委員会が，本人・保護者に対し十分な情報提供を行った上で，本人・保護者の意見を最大限尊重して，本人・保護者と市町村教育委員会，学校等が合意を形成し，最終的には市町村教育委員会が決定することとなっている。

障害のある子供の就学に関する相談や助言等は「就学指導」と呼ばれてきたが，上記のような制度の改正に伴い，就学期における教育支援というとらえ方に変わってきている。

2 肢体不自由の起因疾患の変遷

肢体不自由の原因となる病気やけが等は多様である。昭和34（1959）年に肢体不自由児施設（当時の主要な肢体不自由教育の場は施設内の特殊学級や分校）における入所児の病気を調べた調査がある。それによると脳性まひ22.7％，ポリオ23.9％，先天性股関節脱臼13.7％，骨関節結核12.2％，外傷6.9％，その他20％であった。

この後，肢体不自由の原因となる病気は大きく変化する。まず，予防ワクチンの服用によりポリオが，そして，公衆衛生制度の確立により骨関節結核が激減した。先天性股関節脱臼も早期からの対応により大幅に減少した。一方，脳性まひの子供が増加した。養護学校が全国各地に設置されるようになった昭和40年代(1965～)には，養護学校在籍者の70％台に達した。その後も脳性まひを含む脳性疾患の割合は高い状態が続くが，昭和50年代（1975～）以降，脳性まひの子供の割合は減少した。

平成30（2018）年度の肢体不自由特別支援学校に在籍する児童生徒の状況を見ると，脳性疾患が多く，脊椎・脊髄疾患や筋原性疾患を合わせると7割を超えていた（表2-2）。今日，肢体不自由の対象となる子供は，神経・筋疾患の者が多く，骨・関節疾患の者は少ない。脳性疾患の内訳では，脳性まひ34％，その他の脳性疾患が33％となっている。このことは，主として周産期に原因のある脳性まひが減少して，それ以

表2-2　肢体不自由の起因疾患と肢体不自由特別支援学校在籍者に占める割合

脳性疾患	脳性まひ，脳外傷後遺症，脳水腫症など	66.8％
脊椎・脊髄疾患	二分脊椎・脊椎側弯症，脊髄損傷など	4.1％
筋原性疾患	進行性筋ジストロフィー症など	3.9％
骨系統疾患	骨形成不全症など	1.6％
代謝性疾患	ムコ多糖代謝異常症など	1.4％
弛緩性まひ	分娩まひなど	0.3％
四肢の変形等	ディスメリー，下肢切断など	1.1％
骨関節疾患	関節リウマチ，ペルテス病など	0.4％
その他		20.5％

(出典）全国特別支援学校肢体不自由教育校長会「全国特別支援学校（肢体不自由）児童生徒病因別調査」（平成30年度）より一部改編

外の主として胎生期に原因のある脳性疾患が増加していることを示している。脳性まひ以外の脳性疾患の子供は，肢体不自由が重度であるばかりでなく，知的障害や視覚障害等を合併していることが多い。また，呼吸，栄養摂取等の生命を維持する機能が育っていないことも多く，今日の医療的ケアを必要とする子供の増加につながっている。

第2節　肢体不自由教育の萌芽

1　草創期の肢体不自由教育

1）整形外科学の発展と柏学園の発足

明治5（1872）年，政府は「学制」を公布し，「邑に不学の戸なく家に不学の人なからしめん事を期す」として，全国民を対象とした教育の開始を宣言した。その後，日清・日露戦争を経て富国強兵施策とともに，義務教育制度が確立されていくことになるが，障害児については，「不就学該当者」とする傾向が顕著になっていく。明治33（1900）年に改正された小学令では，就学免除・就学猶予の規定が整備され，身体に障害（当時は「不具廃疾」と表現）のある子供もその対象として規定された。

図2-2　田代義徳

こうした状況下で，的確な社会的処遇を確立させる契機となったのは，整形外科学の進歩である。欧米においては，19世紀後半，外科学から分化した整形外科学が飛躍的な発展を遂げ，その結果，肢体不自由児に対する教育の必要性が顕在化し，各地に肢体不自由教育の萌芽が見られた。わが国においても，明治30年代(1897〜)以降，ヨーロッパから整形外科学が導入され，それが定着するとともに，整形外科医師の側から肢体不自由教育の必要性が主張されるようになった。

田代義徳（1864〜1938）は，東京帝国大学医科大学にわが国最初の整形外科学講座が設けられたときに，その教授に就任した。田代は，第一次世界大戦後のヨーロッパを視察し，ドイツのクリュッペルハイム（肢体不自由児施設）の見聞に基づいて，肢体不自由者の教育及び授産の必要性を提案するようになった。この考えは，田代の後をついで整形外科学教授となった高木憲次に引き継がれた。高木は，肢体不自由児の実態調査に基づいて，治療とともに教育を受けられる施設の必要性を痛感し，こうした施設の必要性を「夢の楽園教療所の説」として主張した。

一方，この時期に，教育実践に取り組んだのが体操教師の柏倉松藏（1882〜1964）であった。柏倉は，体操の時間になると手足の不自由な子供たちが運動場の片隅でしょんぼりしていることに心を痛め，医療体操に関心を持つようになった。大正7（1918）年，医療体操の研究のために，東京帝国大学の田代の整形外科教室に入ったが，そこで，入院患者が手術後に医療体操をやりたがらない様子を見て，治療の合間に遊戯や勉強をさせることが効果的であろうと考えた。その後，田代の助言を受け，大正10（1921）年，自宅に柏学園を開設した。柏学園では，小学校に準ずる教育に主眼を置くとともに，マッサージ，医療体操が教育内容として位置付けられた。柏学園は正式に認可を受けた学校ではなかったが，わが国肢体不自由教育の萌芽であった。

2）わが国初の公立の肢体不自由児学校の創設

大正末期になると，東京市において公立の肢体不自由児の学校開設の機運が盛り上がった。このころには，東京市内の小学校に知的障害児や身体虚弱児などの特別な学級がつぎつぎに開設され，この傾向が肢体不自由児にも及ぼうとしていた。また，東京帝国大学を退官した田代は，東京市会議員となり，「手足不自由なる児童の保護施設」の必要性を力説していた。このような背景から，東京市教育局は昭和 6 （1931）年に体操免除児童の調査を行い，その結果，約 700 名の肢体不自由児がいることがわかった。こうした経緯を踏まえ，東京市は同 7 （1932）年，肢体不自由児のための「光明学校」を設立した。

光明学校は，東京府知事から小学校に類する各種学校として認可を受け，昭和 7 (1932)年 6 月 1 日に日本で最初の公立肢体不自由学校として開校した。「光明」という校名は，東京市長永田秀次郎によって，将来に光明を与えるという意味から命名された。初代校長には，結城捨次郎 (1890 ～ 1939) が就任し，教員 5 名，看護婦 4 名，児童 34 名で発足した。教育内容は小学校に準じたが，生活科や職業科を特設し，英語を加えるなどの特徴があった。治療・矯正については，週に 2 ～ 3 回の整形外科校医による診察に基き，看護婦がマッサージや矯正体操などを行った。

第 3 節　肢体不自由教育の発展

1　戦後初期の肢体不自由教育

1）学校教育法と肢体不自由教育

第二次世界大戦後の教育改革によって，昭和 22（1947）年 3 月に学

図 2 - 3　開校当時の東京市立光明学校校舎

校教育法が制定され，わが国の学校教育は大きく変革されることになった。同法では，盲学校，聾学校及び養護学校と小・中学校の特殊学級が特殊教育の場として規定されるとともに，特殊教育についても学校教育の一環として義務制実施の原則が確立された。しかし，小・中学校教育が優先され，盲学校・聾学校及び養護学校の義務制は延期となった。

同じく義務制が延期となったものの，戦前から全国に設置されてきた盲・聾学校については，関係者の強い働きかけもあり，昭和23（1948）年度入学生から学年進行で義務制が実施されることになった。一方，養護学校については，しばらく設置されることはなく，戦前から存在した光明学校も，財政的な補助を受けるため，新学制による小・中学校として存続することになった。

2）肢体不自由児施設における特殊学級の開設

戦後の肢体不自由教育は，昭和20（1945～）年代の半ばに，児童福祉法による肢体不自由施設設置に伴って設けられた特殊学級から発足した。児童福祉法に定められた肢体不自由児施設として，昭和25（1950）年に，東京都に多摩緑成会整育園，群馬県に群馬整肢療護園が，翌年には，東京都に整肢療護園が開設された。同30（1955）年の末までには，全国各地に17の肢体不自由施設を数えるに至った。施設入所者の増加に伴って，学齢児童生徒の義務教育の問題が顕在化することになった。

児童福祉法では，入所中の学齢児童生徒の義務教育を学校教育法に従って行うことが規定されていた。しかし，この規定では，就学させる義務が保護者にあるのか施設長にあるのか不明確であった。そこで，昭和26（1951）年6月に，同法が改正されて児童福祉施設の長は「保護者に準じてその施設に入所中の児童を就学させなければならない」ことになり，この結果，施設内に小・中学校の特殊学級を設けたり，小・中学校の分校を設けたりする必要が生じることになった。同28（1953）

年前後から，肢体不自由児施設設置とほぼ同時に特殊学級等が設置されていった。例えば，同28（1953）年に開設された広島県の若草園には広島市立長尾小学校・二葉中学校分校が，静岡県の静岡療護園には，静岡市立西豊田小学校・豊田中学校分教場が設置され，児童生徒の教育を開始した。

また，肢体不自由児施設内に設置された特殊学級や分校等とは別に，地域から通学する肢体不自由児のための特殊学級が，昭和20（1945～）年代の終わりごろから設けられるようになった。その最初のものは，後に大阪府立堺養護学校に発展する肢体不自由特殊学級「希望学園」であった。その後，同29（1954）年に姫路市立広畑小学校に開設され，昭和30（1955～）年代に入ると，こうした傾向が全国に及んでいった。

2　肢体不自由教育の展開

1）公立養護学校整備特別措置法の制定と養護学校の計画設置

養護学校は，都道府県にとって任意設置であり，国の財政的な援助の対象でもなかったため整備が進まなかった。こうした状況の中で，府県独自の負担で，昭和31（1956）年4月に，わが国最初の肢体不自由養護学校が大阪と愛知に創設された。大阪府立養護学校（現在の大阪府立堺支援学校）と愛知県立養護学校（現在の愛知県立名古屋特別支援学校）である。

一方，このころ，養護学校設置に向けた立法措置を求める民間運動も活発になった。そうした関係者の努力が実り，昭和31（1956）年6月，公立養護学校整備特別措置法が成立した。この法律は，建物の建築費や教職員の給与費，教材費等について国の負担や援助を定めたもので，公立養護学校の設置に道を開いた。翌年，同法の施行に伴い，実質は養護学校であった東京都立光明小・中学校と神戸市立友生小学校が，それぞれ東京都立光明養護学校，神戸市立友生養護学校と校名を改めた。

こうして徐々に養護学校は設置されるようになったが，義務教育の対象となる知的障害児数や肢体不自由児数にははるかに及ばない状況であった。そのため文部省は，養護学校設置について昭和35（1960）年度を初年度とする5か年計画を策定し，本格的に増設を図ることにした。さらに昭和47（1972）年度には，養護学校対象の全ての学齢児童生徒を就学させるために必要な養護学校を設置する年次計画を立て，この施策の推進を図った。文部省は，養護学校の設置を促進しつつ，義務制への移行を円滑に行うために，昭和48（1973）年11月，同54（1979）年4月1日から養護学校における就学義務及び養護学校の設置義務を実施する，ことを予告する政令を公布した。

2）養護学校の義務制実施

こうして昭和54（1979）年度から養護学校教育の義務制が施行された。義務制実施を境に大きく変化したのは，就学猶予・免除者の数であった。障害を理由とする就学猶予・免除者は，昭和47（1972）年度には約1万8千人であったものが，義務化直前の同53（1978）年度には約9千人，同54（1979）年度には約2千6百人と急減することになった。

また，学校に通学できない児童生徒に対する訪問教育が正式に開始された。訪問教育は，昭和43（1968）年から同44（1969）年にかけて，いくつかの県や市において就学猶予・免除者に対する訪問指導として開始されていた。訪問教育の実施は，それまで学校教育の対象とされなかった重度・重複障害児に教育の機会を与え，全ての学齢児に対して義務教育を行えるようにしたという点で重要な意味を持つものであった。

さらに，義務制反対運動が起こるなどして障害児の理解が新たな課題となったことから，文部省は，昭和54（1979）年度改訂の学習指導要領に，障害のある児童生徒と障害のない児童生徒が共に活動する機会を設けることを配慮事項として規定するとともに，心身障害児理解推進校を指定した。この取り組みは，今日の「交流及び共同学習」につながっている。

第4節　肢体不自由教育の現状

1　養護学校義務制実施以後の状況

1）肢体不自由養護学校の増設と在籍者数の増加

昭和35（1960）年に16校しかなかった肢体不自由養護学校は，義務制の翌年には，全国で168校を数えるに至った（表2‐3）。この間，児童生徒数も約8倍に増加し，2万人を越えるまでになった。その後，児童生徒数は，やや減少し，平成に入って1万8千人台で横ばいとなるが，学校数は増加を続けた。学校数増加の要因の一つとして，医学の進歩やノーマライゼーション理念の普及に伴い，家庭から通学を希望する児童生徒が増え，肢体不自由施設に併設しない養護学校が新設されてきたことが挙げられる。

表2‐3　肢体不自由特別支援学校数及び在籍者数の推移

―国・公・私計―

年度	学校数	在学者数
昭和35（1960）年	16校	2,123人
昭和45（1970）年	98	13,713
昭和55（1980）年	168	20,492
平成2（1990）年	188	19,248
平成12（2000）年	196	17,886
平成22（2010）年	296	31,530
平成29（2017）年	350	31,813

（出典）文部科学省特別支援教育資料

平成19（2007）年には，特別支援教育制度への移行に伴い，それまでの養護学校は特別支援学校になった。現在においても，名称は養護学校としているところもあるが，制度上は特別支援学校である。特別支援学校については，複数の障害種別に対応することが奨励されている。平成29（2017）年度において，肢体不自由を対象とする特別支援学校は全国で350校であるが，肢体不自由のみを対象とする学校122校，肢体不自由を含む複数の障害に対応する学校228校となっている。複数の障害に対応する学校が増えることにより，家庭から近い学校に通えるようになることや重複障害への対応の専門性が向上することが期待されている。

2）肢体不自由特別支援学級の状況

戦後，肢体不自由特別支援学級は学級数も在籍者数も増加したが，養護学校が全国的に整備された昭和50（1975）年（学級数487，在籍者数2,684人）ごろをピークに学級数及び在籍者数ともに減少することになった（表2-4）。しかし，平成に入ると再び増加に転じ平成10（1998）

表2-4　肢体不自由特別支援学級数及び在籍者数の推移

—小・中計—

年度	学級数	在籍者数
昭和35（1960）年	206学級	2,449人
昭和45（1970）年	248	2,037
昭和55（1980）年	413	1,779
平成2（1990）年	448	1,136
平成12（2000）年	1,446	2,518
平成22（2010）年	2,567	4,265
平成29（2017）年	3,034	4,508

（出典）文部科学省特別支援教育資料

年以降は学級数も在籍者数も急増している。

学級数，在籍数の増減とともに注目したいのは，１学級の児童生徒数である。全国の在籍者数を全国の学級数で除したものの推移は，昭和45年8.7人，同55年4.3人，平成12年1.7人，同29年1.5人となり，１学級あたりの児童生徒数が１人台になってきたことがわかる。昭和30～40年代は，肢体不自由児施設内の学級も相当数あり，１学級の児童生徒数もそれなりに確保できたであろう。近年，肢体不自由特別支援学級が急増しているのは，重度の肢体不自由があっても家庭から近いところで教育を受けたいという本人・保護者の希望が背景にある。このため１学級の在籍者が極めて少人数になっているのである。

3）通級による指導・通常の学級

平成29（2017）年度の文部科学省の通級による指導調査によれば，全国で肢体不自由により通級による指導を受けた児童生徒は小学校100人，中学校24人と少数である。通級による指導を行っているのは9道府県であり，週１単位時間の指導が8割，巡回による指導が8割，特別支援学校教員の指導を受けている児童生徒が7割を超えるなどの特徴があった。

2　障害の重度・重複化，多様化への対応

養護学校教育の義務制実施によって，全ての学齢児童生徒が就学するようになり，肢体不自由特別支援学校の在学者には重複障害者の割合が高くなってきた（表2-5）。昭和60（1985）年，小・中学部における重複障害学級在籍者の割合は54％であったが，その後増加を続け平成17（2005）年には75％になった。また，高等部においても60％近くになっている。平成19（2007）年以降，複数の障害を対象とした特別支援学校が増加すると重複学級在籍者の割合は減少傾向を見せるように

なった。平成29（2017）年の在籍率は，小・中学部54％，高等部32％であった。しかし，第1節の「2肢体不自由の起因疾患の変遷」で見たように，近年は，脳性まひ以外の脳性疾患を有する者が多くなっており，肢体不自由が重度であるほか他の障害を併せ有し，加えて医療的ケアを必要とする児童生徒も多くなっている。

表2-5　肢体不自由特別支援学校の重複学級在籍率の推移

—国・公・私計—

年度	小・中学部	高等部
昭和60（1985）年	53.9％	
平成2（1990）年	59.9	32.3％
平成12（2000）年	75.0	60.5
平成22（2010）年	63.8	40.3
平成29（2017）年	54.0	32.3

（出典）文部科学省特別支援教育資料

障害が重度でかつ重複する児童生徒が多数を占める一方で，少数ながら知的障害のない肢体不自由児も就学している。知的障害のない肢体不自由児に対しては，小・中学校等の各教科を中心とした教育課程を編成し，学年を越えた学習集団を編成するなど，効果的な指導が展開できるようにさまざまな工夫を行っている。

こうした在籍する児童生徒の障害の重度・重複化，多様化といった傾向は，特別支援学級においても生じている。医療的ケアを必要とする児童生徒は，特別支援学級でも通常の学級でも見られるようになっている。

以上，肢体不自由教育の現場では，在籍者の重度・重複化，多様化が進む中で，医療的ケアへの対応を含む学校生活における安全を確保しながら教育の充実を図ることが課題となっている。

学習課題

⑴ それぞれの地域における肢体不自由児教育の歴史を，調べてみよう。

⑵ 実際に肢体不自由特別支援学校や，小・中学校に設置されている肢体不自由特別支援学級を見学してみよう。

引用・参考文献

1） 川間健之介，西川公司編『改訂版　肢体不自由児の教育』（一般財団法人放送大学教育振興会，2014）
2） 石部元雄『肢体不自由児の教育　第2版』（ミネルヴァ書房，1984）
3） 安藤隆男，藤田継道編著『よくわかる肢体不自由教育』（ミネルヴァ書房，2015）
4） 下山直人編著『肢体不自由教育ハンドブック』（全国心身障害児福祉財団，2010）
5） 文部科学省初等中等教育局特別支援教育課『教育支援資料』，2013
6） 文部科学省初等中等教育局特別支援教育課『特別支援教育資料』，2018

3　肢体不自由児の生理・病理 1

―運動発達の仕組み―

米山　明

《目標＆ポイント》 肢体不自由とはどのようなものなのかを，運動機能のメカニズムに基づいて把握する。また，もっとも頻度の高い脳性まひに早期から対応するための基礎として，運動発達の経過を学び，特に歩行に関して理解する。

《キーワード》 中枢神経，末梢神経，髄鞘化，大脳機能局在，神経・筋疾患，原始反射

第1節　運動機能のメカニズムの概略

図3-1のように，ヒトの運動は，「脳（中枢神経系）」で運動企画された情報が，脳から長く伸びた神経軸索を通じて脊髄まで到達する。「脊髄」内の脊髄前角細胞のシナプスにおいて，「末梢神経」に伝達され軸索を通じて，「骨・関節」に付着している「骨格筋」まで伝達される。情報は，骨格筋内の末梢神経シナプス（神経筋接合部）を経由し筋肉に伝達され，筋の収縮・弛緩により運動（関節の屈伸，回転・回旋など）が起こる。

脳・脊髄・末梢神経・筋のそれぞれの部位の障害により，神経・筋疾患となる。すなわち，大脳・脳幹・小脳レベルの神経疾患のほか，脊髄レベルによる神経・運動ニューロンの疾患，末梢神経障害によるニューロパチー，神経筋接合部の障害による重症筋無力症，骨格筋障害である

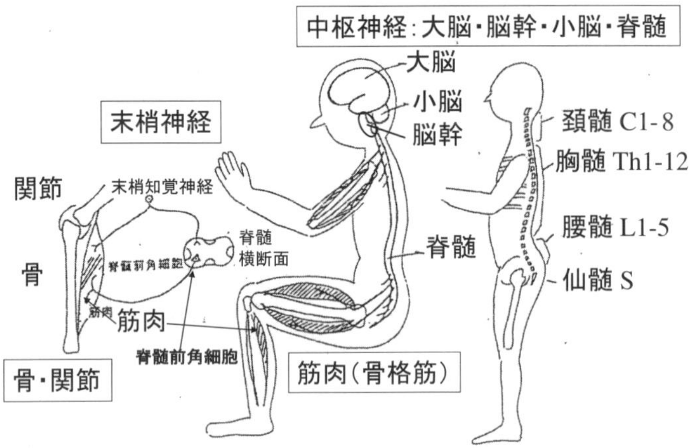

図 3 - 1 運動に関する神経(中枢神経・末梢神経),筋肉,骨・関節

筋ジストロフィーやミオパチーがある。さらに,骨形成不全や多発性関節拘縮症などの骨・関節の系統疾患等がある。

以下に,神経系・筋肉系・骨系統の構造・機能と各器官の成長発達などについて述べる。

第 2 節 神経系の仕組み

1 脳・神経の仕組み(構造と機能)

1) 大脳(図 3 - 2 :大脳機能局在〈左図〉と大脳皮質の髄鞘化の順序〈右図〉)

(1)大脳の構造と機能局在(左図):大脳は,左右二つの半球に分かれ,それぞれ機能が分かれているが,ここでは,主に左半球の機能について述べる。

大脳半球の表面は,中心溝・シルビウス溝(外側溝)・頭頂後頭溝,など脳溝により,大きく四葉(前頭葉・頭頂葉・側頭葉・後頭葉)と島葉・辺縁葉と合わせて六葉からなる。

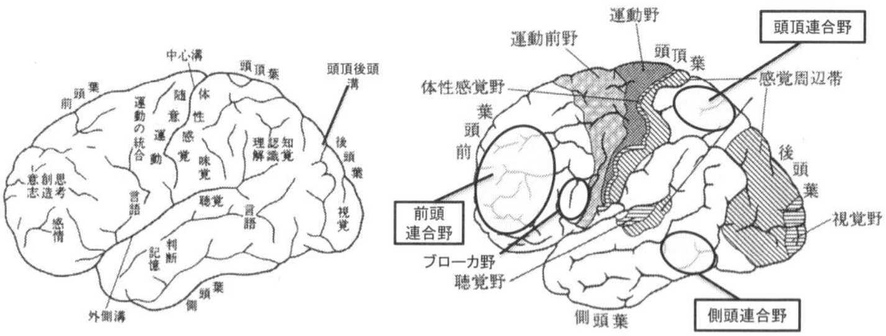

大脳の機能局在（左図）：大脳半球の表面は，中心溝・シルビウス溝（外側溝）・頭頂後頭溝，など脳溝により，大きく四葉（前頭葉・頭頂葉・側頭葉・後頭葉）と島葉・辺縁葉と合わせて六葉からなる。各葉に主な機能を示す。
・大脳皮質の髄鞘化の順序（右図）：白色部分は大脳連合野（前頭連合野・頭頂連合野・側頭連合野）
・濃い網状から斜線状，点状，白色の順に髄鞘形成が進む。
・濃い網状の運動野は髄鞘化が早く，連合野である白色部が最も遅い。

図3-2　大脳機能局在〈左〉と大脳皮質の髄鞘化の順序〈右〉

①**前頭葉**：前頭連合野（前頭前野）は，意思・創造・思考・計画・判断・感情・注意・抑制・コミュニケーションなど，ヒトの脳で大きく発達した部分で，大脳のおよそ30％を占める。成人の失語症などで有名なブローカ（Broca）野は発語や書字といった運動性言語に関わる。

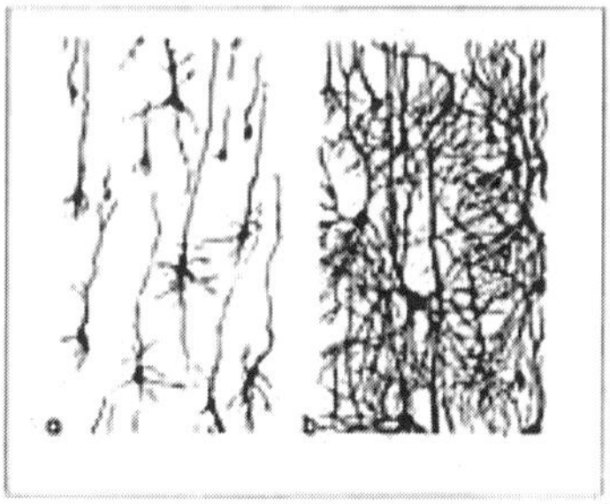

上の図は，新生児（左）と6歳児の言語野の髄鞘化の変化

②**頭頂葉**：体性感覚野（温痛覚・触覚，姿勢など）と体性感覚連合野（上頭頂小葉，下頭頂小葉（縁上回・角回）があり後者では，視覚・聴覚，体性感覚の統合・認知が行われ，運動認識（身体の位置など空間認知機能を担う。障害があると身体部位失認，失読・失書，失算などが起こる。Gerstmann症候群は，左角回障害により，手指失認，左右失認，失書，失算の四徴を呈する。

③**側頭葉**：聴覚，聴覚性認知，及び，側頭連合野では視覚性認知の機能を持つ。後頭葉からの情報伝達路である腹側視覚路の障害により，視覚性認知が障害される（物体失認・相貌失認）。

④**後頭葉**：視覚情報の処理が主な機能である。視覚情報は，眼の網膜から視神経—外側膝状体—視放線を経由し，後頭葉一次視覚野に到達する。色・形，動き，奥行きなどの情報は，二つの経路に分かれて情報伝達される。すなわち，背側視覚路（主に動き・奥行き）で視覚前野を通過し頭頂連合野（頭頂葉）に送られ視覚認知される経路，腹側視覚路（主に色・形）で視覚前野を通過し側頭連合野（側頂葉）に送られ視覚情報が認知される経路がある。

⑤左右の大脳皮質は，神経線維（白質）で結ばれている。交連線維と呼ばれ，各両側脳室の上方に走行している線維束は「脳梁」，前頭部は「前交連」である。一方，同側の大脳皮質の各領域を結ぶ線維は「連合線維」であり，上前頭後頭束・下前頭後頭束，上縦束・下縦束，弓状線維，帯状束，鉤状束などがある。

2） 小脳と小脳機能

小脳は，姿勢や運動を調節する中枢として重要である。

小脳は，運動を滑らかに行う協調運動に関与する。全身からの感覚入力や大脳からの運動入力に基づき，歩行や上肢・手腕運動などの計画と遂行の調整（主に小脳半球）が行われ，正確な運動が遂行できる（振るえもなく，正確な距離や位置，時間，強さ〈バランスや力〉加減がなされる）。小脳は，大脳とはやや異なった発達を示す。即ち胎生期から一人歩き（二足歩行）ができる生後１歳ごろまで発達する，細胞生成は出生後数か月から１年過ぎまで続き，同時に，大脳・脳幹・脊髄との回路（小・中・下小脳脚（索状帯））が形成され，求心性・遠心性の情報伝達が行われる。

3）大脳基底核は，運動の予定やプログラム，姿勢保持や筋緊張のコントロールや自動運動の遂行に大きく関わる。活動亢進で運動は緩徐，活動の低下で過剰運動となる（例：アテトーゼ型不随意運動）。

4）脳幹と脳幹機能（図３-３）

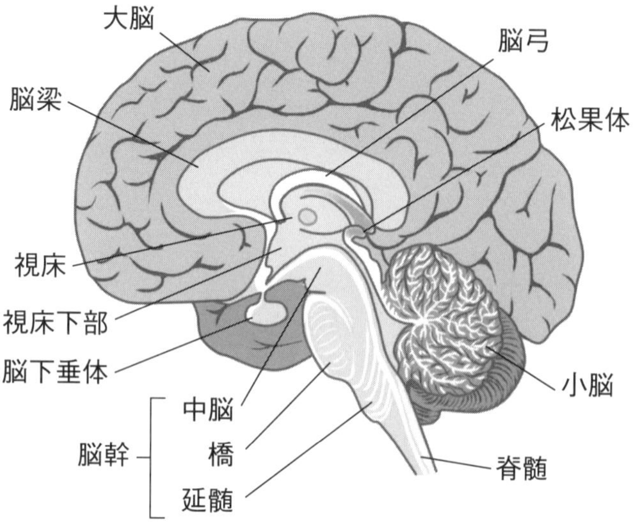

図３-３　脳の内側（断面図）

脳幹には，中脳・橋・延髄がある。その構成は，線維束・神経核・脳幹網様体（脳幹の神経細胞と連絡線維の集合体）・自律神経反射の中枢がある。線維束には，求心性・遠心性線維束（伝導路），小脳脚（小脳と伝導）のほか，神経核として，中脳に脳神経Ⅲ～Ⅻの脳神経核，赤核・オリーブ核などがある。また，自律神経反射の中枢は，呼吸・嚥下・嘔吐・対光反射・循環などの生命維持に不可欠な内臓機能の中枢である。

発生学的には脳胞の中脳胞（中脳・脳室／水道）菱脳胞（後脳：橋・小脳・第４脳室）髄胞(延髄),から胎生６週ごろまでに急激に成長する。

5） 脊髄と脊髄機能

脊髄は，上位の中枢神経からの下行（遠心性）神経線維と末梢神経からの上行（求心性）神経線維の中継点であり，脊髄自体での反射経路を持つ。

発生学的には尾側に位置する神経管が脊髄管に成長する（頭側は脳胞である）。神経管の一般的形態を保ち，その全長にわたってほぼ一様の構造を示す。また身体末梢部に対する運動性及び知覚性の支配関係も極めて整然としており，分節的に形成される身体各部に対する脊髄の分節的支配関係が明瞭である。

2　脳（中枢神経系）の成長・発達

1） 身体の一部である，脳は，他の身体の成長に比べ，胎生期から幼児期（就学前）までに著しく早く成長するが，特に胎生期の発育が著しい。成人の脳の神経細胞数は 140 億個程度と推定されているが，そのほとんどが胎生期に増殖し，出生時ごろがそのピークである。

出生後も，その増殖（細胞数の増加）は，少ないながら起こっていることが知られてきた。

2） 脳の重量は，出生体重のおよそ 1/4 で，生後 6 か月で倍増，さらに 5 歳ごろには成人の脳の重さの 90 % 程度となる。成人では，脳の重量は体重の 1/20 程度であり，出生後乳幼児期に脳は著しく成長することが窺える。

3） ヒトの脳の発生は，受精後，母体内で，脳細胞が増加する細胞期，胎芽期，胎児期を経て出生に至る。出生後，重力のかかる外界の新しい環境の下で，脳は発育成長しながらさまざまな機能を獲得して「発達」をするが，これは脳細胞の増加ではなく，主に軸索にミエリン鞘（髄鞘）が形成されシナプスの形成や結合が密になり，神経回路網の成長と発達によるものである。

4） 大脳皮質の成長：髄鞘化の順序（図３-２-右図）：白色部分は大脳連合野（前頭連合野・頭頂連合野・側頭連合野）で，濃い網状から斜線状，点状，白色の順に髄鞘形成が進む。濃い網状の運動野は出生時より髄鞘化が進んでおり，新生児の自発運動や自動歩行（反射）からもわかるように，下肢を多軸的に，左右交互に動かすことができる。また，視覚野も髄鞘化が早く，新生児から視覚的には物は見えている。見えたものを認知するには，頭頂連合野・側頭連合野の髄鞘化を待つことになる。

一方，ヒト特有に成長発達する部分である大脳皮質連合野である白色部がもっとも遅い。髄鞘化は生後から５歳ごろまでに急激に進み，その後や速度は下げながら成人へ向けて髄鞘化が続く。前頭連合野（前頭前野）の髄鞘化は，経験と学習を重ね，言語獲得の他，知的発達，社会性などが社会的動物のヒトとして成長発達する。

シナプス（synapse）とは，神経細胞の相互連結で，（筋線維を含む），神経細胞と他種細胞間に形成される，シグナル伝達などの神経活動に関わる接合部位とその構造のこと。シナプスの結合が密になること，すなわち，神経回路網の発達が運動機能の発達である。

大脳は，生理学的には電気的活動をしており，さまざまな神経回路に命令が投射され活動が起こる。企画された運動が命令され，運動活動が起こる。脳内で細胞同士が異常興奮し慢性的病的なものが「てんかん」である。

第３節　骨と筋の仕組みと成熟

1　骨の仕組みとその成熟

骨は，重力に対抗し，姿勢を維持し，後述する筋肉の運動を可能とする支柱としての役割がある。なお，骨の内側にある骨髄では造血機能などを有すが，肢体不自由関係と異なるのでこの項では扱わない。

手足の骨（長管骨）や脊椎を形成する椎体，頭蓋骨・骨盤などの扁平骨（膜状骨），踵骨のような短骨などは骨の生成形式や骨形態が異なる。

骨は，骨芽細胞合成した1型コラーゲン・オステオカルシンなどのタンパク質からなる骨基質とカルシウム（Ca）やリン（P）を主とする，骨塩（ミネラル）が沈着し，石灰化が起き，生成される。骨芽細胞は骨細胞となり骨形成は停止するが，破骨細胞による骨吸収が起き，再形成（リモデリング）が起き，その生成と破壊，再形成の繰り返しにより，徐々に成長していく。

骨化には，「軟骨内骨化」（軟骨が分化成長し，石灰化を生じたところに血管が進入し骨梁を形成する）と「膜性骨化」（未熟間葉細胞が骨芽細胞により直接骨組織に分化する）の二種類がある。

新生児期およそ300個ある骨は成長し,成人期には206個の骨となる。

長管骨について，模式図（図3-4）のように，長管骨の両端は「骨

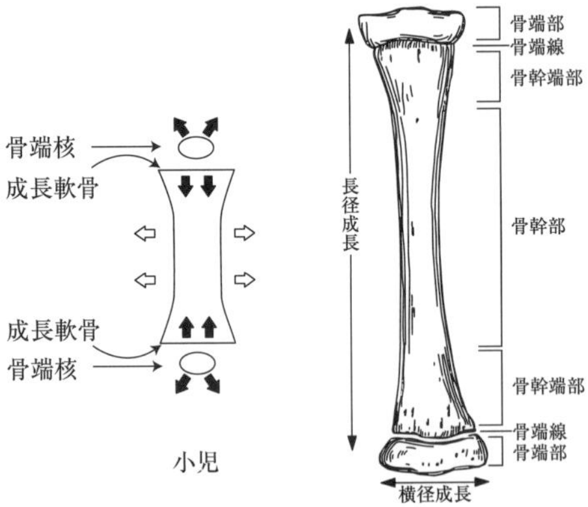

長管骨の成長（黒矢印：軟骨内骨化　白矢印：膜性骨化）

図3-4　長管骨

端」と呼ばれ，中央部分は「骨幹」その間を「骨幹端」と呼ぶ。骨幹端は成長期には「成長軟骨」（レントゲン写真に写らない）があり，骨幹端の方向に軟骨内骨化が起き，骨は長くなる。また，骨端核自体も軟骨内骨化により，大きくなる。また，骨幹部・骨幹端部は膜性骨化により太くなる。成長期を終えると全て骨化し，骨の成長を終える。

2　筋の仕組みとその成熟

筋には，関節など骨格を動かす筋肉である骨格筋（組織学的に横紋筋）と内蔵に存在する平滑筋，心臓にある心筋がある。この項では，肢体不自由に関係する，骨格筋について主に述べる。

1）筋肉の基礎

筋肉は，関節をまたいで骨に付着しているが，筋肉が収縮すると関節を曲げる「屈筋」，伸ばす「伸筋」がある。その他は回転筋・牽引筋・括約筋などがある。筋肉は，細長い筋線維とそれを束ねる結合組織からなる。図３-５に筋の構造を示した。筋線維は各々一個の細胞（筋細胞）

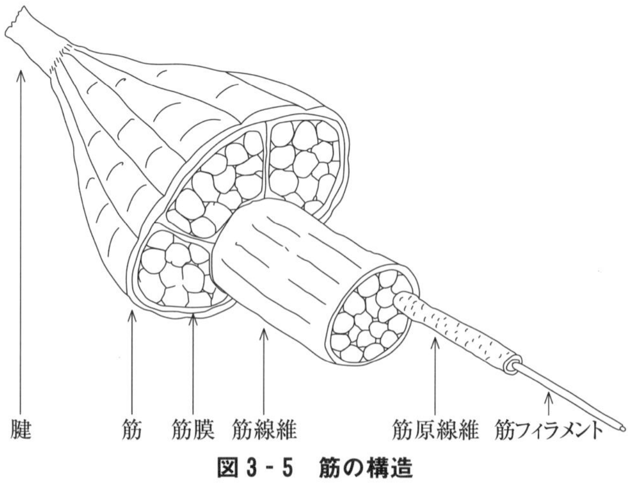

図３-５　筋の構造

で，筋細胞は多くの核を持つ多核細胞（合胞体）である。これは，ミオフィブリル，筋フィラメントと呼ばれる。骨格筋が発生し分化する過程で単核の筋原細胞同士が融合し，多核細胞となる。

筋線維の集まりが筋束を構成し，筋束の集まりが骨格筋を構成する。筋原線維は横紋筋の筋線維中に存在する収縮性のある細胞内器官で，直径約1 μmの円筒状をしており，骨格筋では筋肉の縦方向に沿って多くの筋原線維が並行する。微細な構造は，多くのサルコメアが厚さ2～8 nmのZ膜（Z線）と呼ばれる隔膜で仕切られながら10 nm間隔で連結し，横紋筋の名の起源となる縞模様ができる。なお，サルコメア（筋節）は，筋原線維の最小構成単位である。

筋線維は，大きく赤筋と白筋の2種類に分かれる。細胞内ミトコンドリアに富んで酸素を利用した持続的な収縮の可能な遅筋線維を赤筋と呼ぶ（赤色に見える理由は，酸素結合性タンパク質，ミオグロビンがあるため)。白筋は，細胞内のミトコンドリアが比較的少なく，解糖系による瞬発的な収縮の可能な速筋線維である。

筋肉の発生は，中胚葉から発生している。沿軸中胚葉は胎児の体躯に沿い，体節ごとに分かれている。筋原線維は化学的な刺激に従いながら，それぞれ適切な場所で骨格筋を形成し始める。出生後，思春期前まで筋肉の発達に男女差はない。思春期を迎えると第二次性徴によって男子はアンドロゲンの分泌が活発となり，肩幅が広くなった後に筋肉が発達するなど，男女間に筋肉の差が生じる。

2）神経から筋肉収縮までの刺激の伝達

中枢神経（脳）から末梢神経を経て情報（刺激）が筋の神経筋接合部というシナプスの一種を介して伝達される。シナプスでは，神経末端からアセチルコリンが放出され，筋肉側のアセチルコリン受容体に結合し，筋線維の細胞膜を脱分極させ筋が収縮する。

3）筋疾患の代表である，筋ジストロフィーは，正常な筋において破壊・再生を繰り返し増強・維持される筋が，筋細胞の機能異常により，破壊された筋肉の再生がされにくく変性し壊死に至る難病で，その多くが遺伝子異常疾患である。先天性や生後成長過程で徐々に筋力低下が起き症状が出現するタイプ等，遺伝子異常により分類されている。

第４節　運動機能とその発達と療育

１　錐体路と錐体外路と運動機能（図３－６－１，３－６－２）

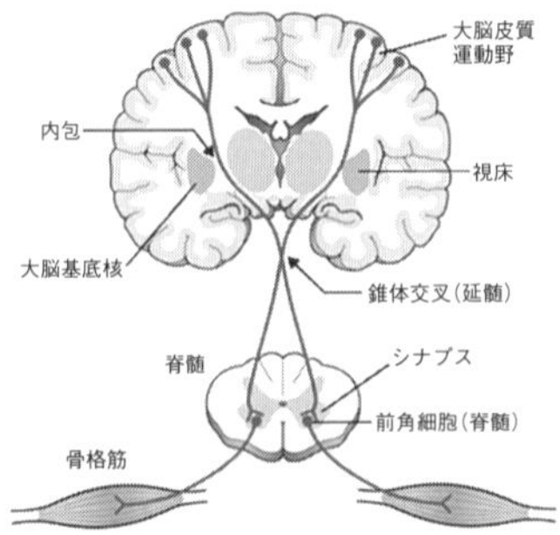

中枢から骨格筋まで１回ニューロンを交代する。運動野から出る神経線維は内包，中脳，橋，延髄を通り，大部分は延髄の錐体で交叉して脊髄側索を下行し，前角神経細胞にシナプスを介して結合する。さらに遠心性の運動神経によって骨格筋に指令が伝えられる。

図３－６－１　錐体路

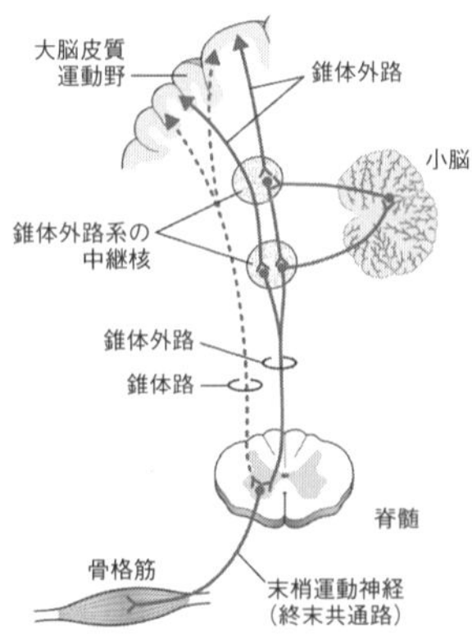

図３－６－２　錐体外路

この節では，「運動機能のメカニズム」「運動」関連の脳機能の局在や神経伝達路について述べる。

1）運動神経伝達路の主である，錐体路（pyramidal tract）と錐体外路（extrapyramidal tract）について説明する。

運動を支配する神経は，大脳皮質（神経細胞の層である灰白質）から白質（神経線維の束）が下行性伝導路として伸びているが，大まかに錐体路（系）と錐体外路（系）と呼ばれる神経伝導路がある。

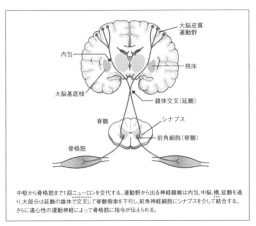

錐体路は「これから手足をどのように動かすか（随意運動）を決める情報伝達経路」，一方錐体外路は「随意運動をよりスムーズに動かせるよう微調整を行う経路」である。

錐体路系は，①錐体路（皮質脊髄路）と②皮質核路（皮質延髄路）に分類される。

錐体路外路系には，大脳基底核から，①赤核脊髄路，②網様体脊髄路，③前庭脊髄路，④オリーブ核脊髄路，⑤視蓋延髄路に分類される。なお，錐体外路と同様に小脳も筋緊張コントロールや協調運動に深く関係している（小脳の項を参照）。

2） 錐体路は，骨格筋の随意運動を支配するが，大脳皮質（運動野）→内包（後脚）→中脳大脳脚→橋→延髄錐体→脊髄（前角）までの上位運動ニューロンが通る神経伝達経路である。延髄錐体で 8 割方以上の神経が交叉（錐体交叉）するが，交叉した神経は，四肢の骨格筋を支配し，一方，非交叉の神経は体幹部の骨格筋を支配している。

3） 皮質延髄路の経路は大脳皮質（運動野）→脳幹の神経核で脊髄には行かずに延髄の神経核で終わる。神経伝達機能は眼筋，表情筋，咀嚼筋，舌筋，嚥下運動を支配している。脊髄前角のシナプスで上位ニューロンから受けた運動指令（信号）を手足の運動まで伝える神経（末梢神経）は下位運動ニューロンと呼ばれる。

4） 随意運動：外界からの刺激と反応行動として，自らの意思（ほとんど無意識的でも）で行う運動（随意運動）は，単純に大脳からの運動の指令が錐体路（pyramidal tract）を下行し脊髄を経由して骨格筋へ届き運動が遂行されるわけでなく，錐体外路（extrapyramidal tract），小脳系の機能も同時に協調機能していて実に複雑である。以下の例で説明する。

例：信号機のある交差点の横断歩道を渡るとき：歩行者用の信号が赤か

ら青に変わり，車が来ないことを左右を見て確認して，横断歩道を歩いて渡る。（図３-７）

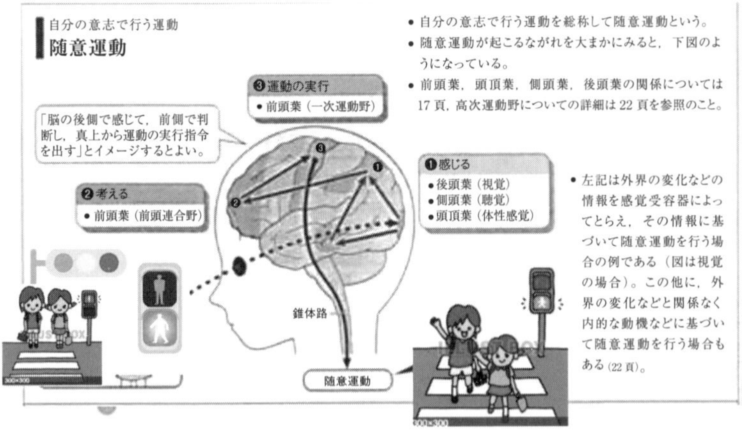

図３-７　随意運動　感覚・運動

２　大脳皮質内

眼を通して，後頭葉（視覚）で青信号を識別，青信号の意味，交差点に流れるメロディ（視覚障害者向け）も聴き，周りの歩行者の行動・音も聴き（側頭葉　聴覚），自分の立っていた位置も確認（頭頂葉　体性感覚）し，その感覚器からの情報の統合・分析が頭頂連合野・側頭連合野で知覚され，前頭葉に伝達される。前頭葉（前頭連合野）で思考し，「横断歩道を渡り始めろ！そして信号が変わるまでに渡りきろう！」と判断を下し，その目的行動を一次運動野を通じて運動が錐体路を下行し，脊髄前角で末梢神経に伝達され，四肢・体幹の骨格筋の筋肉活動により，歩行となる。同時に錐体外路（大脳基底核），小脳系機能により歩行運動がスムーズ（歩道から車道におりたときの身体の傾斜予測，歩幅やバランス〈平衡反応〉，スピード）に行われるよう複雑に調整され，安全に横断歩道を渡りきることができる。

（『新訂版図解ワンポイント生理学』片野由美，内田勝雄著／サイオ出版 2015 年より引用）

3　運動機能の発達

ここでは，図 3 - 8 中枢神経系のレベルと原始反射（primitive reflex）・反応（reaction）と姿勢・運動の発達を参照されたい。

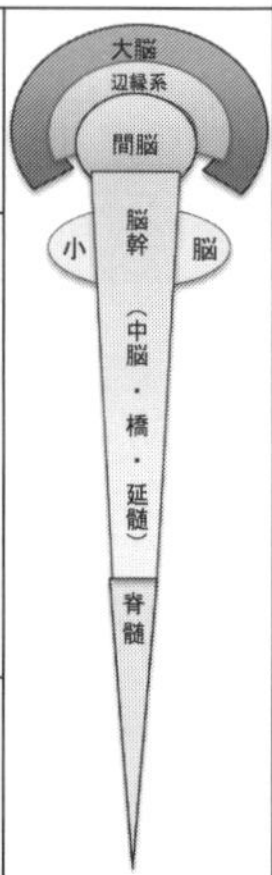

中枢神経の機能と中枢神経模式図	原始反射・反応と姿勢・運動の発達				
	中枢神経系のレベル	反射(reflex)と反応(reaction)	反射出現時期	反射消失時期	運動姿勢の発達
大脳：知的活動・精神活動 辺縁系：情動・記憶・本能 間脳（視床上部・視床・視床下部）：意識・感覚・内分泌・自律神経機能・概日リズム中枢など	大脳	飛び跳ね反応 腹臥位および仰臥位における傾斜反応	8か月～1歳 6か月		ジャンプ 歩行（14か月） ひとり立ち（12か月） 伝い歩き（11か月） つかまり立ち(10か月）
脳幹（中脳・橋・延髄）： 線維束・神経核・網様体・自律神経反射など 中脳・橋：　脳神経 Ⅲ～Ⅻの脳神経核、赤核（運動機能調節）・オリーブ核 延髄：呼吸・嚥下・嘔吐・対光反射・循環などの生命維持機能、内蔵機能の中枢	脳幹（中脳・橋・延髄）	パラシュート　反応（反射） Landau反応（反射） 迷路性立ち直り反応（反射） 体幹立ち直り反応（反射） 頸の立ち直り反応（反射）	8から9か月 6か月 新生児	終生残る 終生残存 2年半 6か月	四つ這い 座位（7か月） ずり這い 寝返り（5か月）
		Moro　反射 緊張性迷路反射 探索反射（Rooting Reflex） 吸引反射(Sucking Reflex) 非対称性緊張性頸反射 対称性緊張性頸反射	新生児	4～6か月	定頸（4か月） 腹臥位 仰臥位 運動発達
脊髄：中枢神経と末梢神経の中継点： 脊髄根（線維束）・ 前角（遠心性：運動） 後角（求心性：感覚）	脊髄	手掌把握反射 陽性支持反応 歩行反射 踏み出し反射 逃避反射 交叉性伸展反射 Galant　反射	新生児	1から2か月	腹臥位 仰臥位

図 3 - 8　中枢神経：原始反射・反応と姿勢・運動の発達

1）原始反射（primitive reflex）

ヒトの運動特性の特性である，二足歩行の発達を考える際に，新生児から乳児までに見られる反射は「原始反射」と呼ばれるが，その中枢が主に脊髄，脳幹に存在しており，極めて重要である。

「個体発生は系統発生を繰り返す」と言われるが，ヒトの進化を系統発生的に考えると，下位動物である無足動物では，脊髄反射と脳幹反射が優位で腹臥位・仰臥位が主な姿勢・運動である。四足動物では，中脳レベルの発達が優位で，立ち直り反射で寝返り，這い姿勢，座位までの姿勢・運動である。二足歩行動物では皮質下レベルで平衡反応を示し，立位・歩行を行うようになる。

原始反射は，脳の発達（中枢神経の髄鞘化と神経網の発達，但し小脳においては細胞の新生は１歳前後まで起こっている）により上位中枢神経からの抑制系が働き始め，反射は徐々に消える。代わって中脳レベルで反応機構が発達し，立ち直り反応，平衡反応が出現する。

原始反射の消失時期は，各反射により異なる。以下に主な，原始反射を説明する。

（1）脊髄レベル：脊髄反射

手掌把握反射：新生児・乳児の手のひら屈曲・内転，手掌把握（しがみつくような仕草）する運動。

足底把握反射：母趾球を圧迫すると足趾が反射的に屈曲する。

陽性支持反応・歩行反射：新生児の足裏を床につけると起立位をとる。前傾させると自動的に歩き出す（自動歩行；歩行反射）。

踏み出し反射：足背を床の端につけると，反射的に足背屈・膝屈曲しその端を跨ぐように足を動かす。

逃避反射・交叉性伸展反射：足底を軽く針で刺激すると両側の下肢を屈曲し足を引っ込める。片脚を押さえ，同側の足底を刺激すると，反対足で払い退けるように下肢を伸展する。

Galant　反射：新生児を水平に抱き，背中を脊柱に添い，胸椎下部から上方へこすると刺激側の腰を振るように凹を作るよう弓状に曲げる反射。

（2）脊髄～橋レベル

非対称性緊張性頸反射（ATNR）・対称性緊張性頸反射（STNR）：仰臥位にして，児の頸を一方に向けると同側の上肢・下肢が進展し，反対側の上下肢が屈曲する（砲丸投げ，やり投げスタイルに似る姿勢）。

対称性緊張性頸反射では，児を水平に抱き　頭部を前屈させると，体幹（背屈）・上肢・下肢が全て屈曲をとり，反対に頭部を後屈すると，体幹（背屈）・上肢・下肢が進展し反り返る。

探索反射（Rooting Reflex）・吸引反射（Sucking Reflex）：指や乳首に顔が触れると，口を尖らせ指・乳首を探しとらえる反射，また口腔内にとらえた乳首・指を吸う反射。

モロー（Moro）反射：背臥位で児の身体を少し起こし，体幹軸に対し，頭部を軽く落下させると，まず上肢を伸展・外転，手指の開扇（手が背屈し指が開く）し，続いて上肢を屈曲・内転，手掌把握（小猿が母猿の腹にしがみつくような仕草に酷似）する運動。生後2か月ごろがピークで5か月ごろ消失する。

バブキン（Babkin）反射：児の両手掌を検者の母指で強く圧迫すると反射的に開口する。

（3）中脳レベル：立ち直り反応

動物が重力下で，頭部を正しく起こし，整合性のとれた姿勢を保つ皮質下の姿勢保持機能である。

頸の立ち直り反応（反射）：頭部を持ち上げようとする運動で新生児期より存在するが弱い。

体幹立ち直り反応（反射）・迷路性立ち直り反応（反射）：空間で頭部を重力に対して正しい位置に保つ反応運動。

パラシュート反応（反射）：児を抱きかかえ，頭部を前方に落下させると，両手を開き，手をつこうとする。座位にして，左右への傾斜させると左右の立ち直りも見られる。

（４）大脳皮質レベル

腹臥位及び仰臥位における，傾斜反応・飛び跳ね反応：立位で前方，側方に傾斜させると倒れないように足を踏み出す反応で皮質レベルの発達した平衡反応である。

2）運動発達（歩行まで）（図３‑９‑１，図３‑９‑２）

胎生週数・月例（年齢）			脳神経系の成長発達	運動の発達と脳障害（胎内〜新生児期）	
胎生期	3〜4週	脳細胞分裂・分化・形成	神経管の形成・閉鎖　脳脊髄原器形成		
	4〜8週		大脳・小脳（一次脳胞：前脳・中脳・菱脳）・脊髄（脊髄管）の基本構造形成	全前脳胞症	
	8〜16週（20週）		神経芽細胞の移動 側脳室の脳室下層神経細胞発生 第4脳室穿孔　交連形成	滑脳症・片側巨脳症・異所性灰白質・ 小頭症・水頭症 脳梁欠損	
	12〜24週		脳細胞の分化　小脳裂形成 一次脳溝形成	脳回形成異常・小脳奇形	
	24〜40週		脳細胞の成熟，シナプス形成。軸索の髄鞘化，組織化，二次脳溝形成	脳循環障害⇨脳室周囲白室軟化症（PVL），灰白質・皮質・皮質下障害⇨脳性まひ	
新生児期	0〜4週（28日）		小脳の脳細胞の成熟，シナプス形成。軸索の髄鞘化（1歳頃）	低酸素性虚血性脳症・新生児期感染症⇨脳性まひ	
乳児・幼児期早期	3，4カ月			定頸（4ヶ月）	おもちゃを掴んでいる
	6，7カ月		大脳連合野のシナプス形成，軸索の髄鞘化（5歳頃）	寝がえり・座位	おもちゃを手のひらで振る・持ち帰る（手掌把握）
	10カ月			四つ這い・ つかまり立ち	親指・人差指でつまむ ビンの蓋を開ける
	12カ月			歩行	
	18カ月		5歳頃までがピーク	歩行（小走り）	殴り書き・積木を積み重ねる

図３‑９‑１　脳神経系と運動機能の発達・脳障害

粗大運動の発達	標準的獲得月・年齢 ()内は通過率>98%
定頸（首のすわり）	3〜4か月（5か月）
寝返り	5〜6か月（8か月）
座位保持	7〜8か月（10か月）
四つ這い	8〜9か月（10か月）
つかまり立ち	10か月（11か月）
伝い歩き	11か月
ひとり立ち	12か月
ひとり歩き	14か月（16か月）
小走り	18か月
階段昇り	2歳
三輪車こぎ 片足立ち	3歳
スキップ	5歳

微細（手の巧緻性）運動の発達	標準的獲得月・年齢
手の把握反射の消失	2か月
つかませると小指から人差指までの手の隙間で握る（尺側把握）	3か月
近くの物を自分でつかむ，手掌全体でつかむ（手掌把握）	4〜5か月
母指と他の四本の指で握る（橈側把握）	6か月
母指と他の指を対向させてつかむ（はさみ持ち）	8〜10か月
母指と人差し指の先でつまむ（ピンセット把握）	10〜12か月

図３‑９‑２　運動機能の発達（粗大運動・微細運動）

(1) ヒトが二足歩行を獲得するまでの経過を述べる。

胎生5か月ごろから生後1か月ごろまでに脊髄前根細胞の髄鞘形成が起こり，それに伴い母体内や出生時の不規則で原始的な動きが見られる。平衡感覚（中脳）や共同運動に関する小脳系の髄鞘形成は胎生7か月ごろから起こり，生後5から8か月ごろに終了し，それに応じて，首が据わり，座位が可能となり，体幹の緊張のバランスがとれるようになる。

また，微細運動（手の巧緻性運動）の随意運動に関する神経系の髄鞘形成は，出生直後から始まり，1から2歳までの間に完成する。この時期の子供が興味を持つ遊びに，ごはん粒のような小さな物を指先でつまんで箱から出したり，また，箱に入れたりすることや，ボタンなどの穴のあいたものに紐を通すような遊びがある。これらは自分の意思で自分の指先を細かく操作することができるようになった証だが，指先を随意的に操作する神経系の髄鞘形成と対応するものである。

運動系の神経系の髄鞘形成に対応して，這い這い，起立，歩行と運動機能が高まり，2歳ごろまでに，基本的な運動機能が発達してくる。

(2) 前述したように，ヒトの歩行は，四つ足歩行する哺乳動物と異なり，10か月から12か月（1歳）までかけて，脳の発達とともに発達し確立する。(図3-9-2)

表3-1は，粗大運動の標準的な発達月例を示す。粗大運動は標準的に脳神経の発達（原始反射の消失）とともに，定頸—座位—立位—歩行と頭尾に向けて順に発達する。

筋緊張や筋力に大きく影響を受ける。歩行が遅れるケースもある。また，発達のパターンは，いざり移動をする子（shaffling baby）のように寝返りを嫌がったり，四つ這いをほとんどしないで立位，歩行まで発達するグループもいる。

表3-1　粗大運動と手の巧緻性運動の標準的な発達月例

粗大運動	（　）内は通過率98％以上
定頸（首のすわり）	3～4か月（5か月）
寝返り	5～6か月（8か月）
座位保持	7～8か月（10か月）
四つ這い	8～10か月（10か月）
つかまり立ち	10か月（11か月）
伝い歩き	11か月
ひとり立ち	12か月
ひとり歩き	12～14か月（16か月）
小走り	18か月
階段昇り	2歳
三輪車こぎ・片足立ち	3歳
スキップ	5歳

法で定められている1歳6か月児健診（母子保健法第12条）では，歩行ができない場合は，保健指導・精密検査対象としている。（3歳児健診：運動発達は片足立ち，足を交互に出して階段を上る，三輪車を漕ぐなどがチェック項目である）。

一方，微細運動（巧緻性運動）は，筋緊張や筋力にあまり影響を受けず発達するが，髄鞘化が遅れるような，知的な発達に影響を受ける。すなわち巧緻性運動発達は，知的発達の指標の一つとなる。

4　肢体不自由と療育の考え方

1） 肢体不自由の代表的な障害である，脳性まひは，単純な運動機能障害だけではない。すなわち，学習障害，知的障害・コミュニケーション障害や感覚障害を伴うことも少なくない。さらに重度となると嚥下障害や呼吸障害など生命維持に関連する障害を随伴し，いわゆる「医療的ケア」を必要とするケースも増えている。

そのため，全人的に児童生徒の評価を行い，育ちの基盤となる家族機能等の背景にも十分注意して評価した上で，現実的な短期・中長期的ゴールを定め，個別の支援計画をたて，モニタリングも含め，身近な地域で，その子供の家族の生活支援するように心がけたい。

2） 最近のICFに基づく評価（社会への参加・活動を指標とする）のエビデンス調査研究では，理学療法（PT），作業療法（OT）などのリハビリテーション（小児の場合は，ハビリテーション）を行うだけでは効果が認められないとの報告があり，年齢が低い子供においては，本人のモチベーションを高め，維持する，例えば遊びを通じ，楽しくできる内容を提供するなどの工夫が必要である。

3） 療育（発達支援）は，育ちの基盤である家族の生活があり家族支援は本人支援とともに車の両輪のように支援することが重要である。

本人への最善の利益保障の基盤には保育（養護），育成の基本がある。「療育」は，単に訓練ではなく，幼児保育，幼稚園教育にある，養護・育成（子供の育ち・育て）を支援する中で，発達支援（ハビリテーション）が行われる必要がある。

学習課題

⑴　運動発達の基礎となる，神経系，筋，骨・関節のしくみをより詳しく調べてみよう。

⑵　生後１歳ごろに開始する，ヒトの歩行を観察し，高率がよく，疲れにくいといわれる人の歩行の特徴について考えてみよう。

引用・参考文献

1）　飯沼一宇『小児科学　改訂第９版』脳の発達，発達心理学　p.25-39（文光堂，2007）
2）　芳賀信彦『小児科学　改訂第９版』骨・関節疾患　p.939-946（文光堂，2007）
3）『病気が見える　vol. 7　脳・神経　第１版』（メディックメディア，2011）
　　①神経系の全体像と大脳の構造　p.2-3
　　②大脳皮質　p.16-29
　　③運動　p.164-169
4）『ここまでわかった小児の発達　小児科臨床ピクシス　19』（中山書店，2010）
5）『小児疾患診療のための病態生理　3 ―改訂第５版―』小児内科　2016　増刊号　vol.48（東京医学社，2016）
　　①小林大介　二分脊椎　Ⅴ．骨・運動器疾患-13　p.567-661
6）　君塚　葵『改訂版　肢体不自由児の教育』肢体不自由児の生理・病理 1，2　p.37-51（一般財団法人放送大学教育振興会，2014）
7）　片野由美，内田勝雄『新訂版　図解ワンポイント生理学』（サイオ出版，2015）
8）　日本リハビリテーション医学会『脳性麻痺リハビリテーションガイドライン　第２版』（金原出版，2015）
9）　厚生労働省「平成30年度障害者総合推進福祉事業　指定17「放課後等デイサービスガイドラインを用いたサービス提供の実態把握の為の調査」報告書（2019）

4　肢体不自由児の生理・病理 2
―肢体不自由をもたらす疾患―

米山　明

《目標＆ポイント》 肢体不自由の主な起因疾患のうち，特別支援学校（肢体不自由）の在学者に比較的多く見られる，「脳性まひ」,「二分脊椎」,「筋ジストロフィー・ミオパチー」「骨形成不全」などについて理解するとともに，学校教育において，必要な指導上の配慮事項を把握する。
《キーワード》 脳性まひ，二分脊椎，筋ジストロフィー・ミオパチー，骨形成不全

第1節　はじめに

肢体不自由のある子供の理解にあたり，本人の障害の状態，性格・コミュニケーションの方法などの特性・個性を知ると同時に，必要な支援や医療的配慮も含めて理解することが大切である。

同じ障害名では，共通点も多くあるものの，その障害の状態は各人によって異なり，当然各人におけるニーズも異なる。障害や疾病について理解しておくことが，適切な支援を提供し，安全で安心した生活をし，共に生きる上で大切である。肢体不自由のある子供について理解する上で大事な点は，以下の通りである。

①どのような疾患や障害か（病名や障害名を告知されていない場合があるので注意!!）。
②日常生活・学校生活においてどのような困難があるか。

③どのような支援が必要か。
④健康上（医療上）の注意点・禁忌事項（してはいけないこと）は何かなど。

実際の支援にあたっては，家庭で本人と家族がどのように過ごしているか，子供の養育に対する保護者の考え方なども知っておくとよい。

肢体不自由児とは，肢体つまり手足（上下肢）・胴体（体幹）の運動の障害があり，その原因となっている障害や疾患とその障害程度により支援や配慮点は異なる。さらに視覚・聴覚などの感覚の障害，知的障害，コミュニケーション障害，てんかん，嚥下障害・排泄障害などさまざまな随伴症状（合併症状）を持つケースは少なくない。さらに，痰の吸引や経管栄養，人工呼吸器療法など医療的ケアが必要な児童（「医療的ケア児」と呼ぶ）など，医療的に配慮の必要な幼児児童生徒も少なくない。

第 2 節　脳性まひ

1　概要

「脳性まひ」は特別支援学校（肢体不自由）に通学する幼児児童生徒のおよそ 40 % を占める最多疾患である（その他の脳性疾患〈中枢神経疾患〉は 25 ～ 40 %）。先進諸国では，出生数 1000 に対し 2 程度の頻度で発生している。脳性まひは，単一の疾患ではなく疾患群であり，以下に述べるように，生理学的分類によりその障害の状態像が大きく異なり，参加・活動を制限される。支援にあたっては特性・ニーズに合わせた柔軟な対応が求められる。

脳性まひは運動機能障害だけではなく，しばしば，てんかん・知的障害・発達障害・コミュニケーション障害などを随伴する。また，脳障害が重症であれば，四肢まひとともに嚥下障害・呼吸障害も合併しやすく，加齢に伴って，障害された中枢神経機能の早期の低下（例：嚥下障害の悪化）も起こりうると同時に，側弯・拘縮変形などや呼吸障害，胃食道逆流症（GERD）など二次性障害を合併しやすくなる。

治療は，単に運動機能障害に対する理学・作業療法などのリハビリテーションではなく，「療育」と呼ばれる，個人を包括的にとらえ成長発達を支援（本人支援）し，さらに育ちの基盤となる家族への支援（家族支援）を地域の関係機関・関係者で支援（地域支援）することが重要で，参加包容（インクルージョン）が求められる。

2　定義

脳性まひは，厚生労働省の狭義の定義では，「受胎から新生児期（生後 4 週間以内）までに生じた脳の非進行性病変に基づく永続的なしかし変化しうる運動及び姿勢（Posture）の異常である。その症状は，満 2 歳までに発現する。進行性疾患や一過性運動障害，または将来正常化するであろうと思われる運動発達遅滞は除外する。」とされている。

しかし，実際の臨床現場では，発達途上（胎生期～周産期～新生児・乳幼児期）に脳に生じた病変で脳病変は固定しているが症状は年齢とともに変化しうる運動機能の永続的障害と解釈されることが多い。

最近では，脳病変の原因が，新生児期脳炎や頭蓋内出血など明らかな場合には，医学的診断として○○後遺症（例：脳炎後遺症）と記載される場合が多い。

3　原因

原因は，単一の疾患でなく，種々の原因によってもたらされる後遺症の状態像である。主な原因となる症状は，以下の通りである。

・低酸素血症（脳症）：早産低出生体重により，呼吸循環障害から発生する頭蓋内出血（脳室内，脳室周囲出血），低酸素による脳室周囲白質軟化症（PVL: Peri-Ventricular-Leukomalacia）や正期産仮死などによる低酸素性虚血性脳症。
・重症黄疸（核黄疸）：血液型不適合など（激減したが存在する）。
・新生児期中枢神経感染症（脳炎・髄膜炎など）。
・胎生期（胎内）循環障害等による中枢神経形成異常（水頭症・滑脳症・厚脳症など）。
・先天性奇形，染色体異常，代謝異常など。

４　症状

１） 運動機能障害は，生理学的分類と障害部位による診断・分類がされる。障害部位と重症度によりその程度はさまざまであり生理学的にも重複することが少なくない。

①生理学的分類：痙直型・不随意運動（アテトーゼ）型・失調型・混合型などに分類される。

②部位分類：四肢まひ・両まひ（上肢の障害に比べ下肢の障害が強い：早産低出生体重で，MRI 検査所見で PVL が見られる児に多い），三肢まひ，片まひ，（但し対まひは脊髄障害で上肢に障害がまったく見られない場合に用いられる）。

①と②の分類を組み合わせ，それぞれについて随伴しやすい疾患（障害）と配慮すべき事項を図４‐１に示した。

２） 以下に主な生理学的分類（部位分類の組合せ）における各々の特徴を述べる。

①痙直型まひ：筋肉のこわばり・硬さ（痙縮・固縮）がある。つねに筋緊張が高い（亢進）状態にある。なめらかな動きができない。拘縮・変

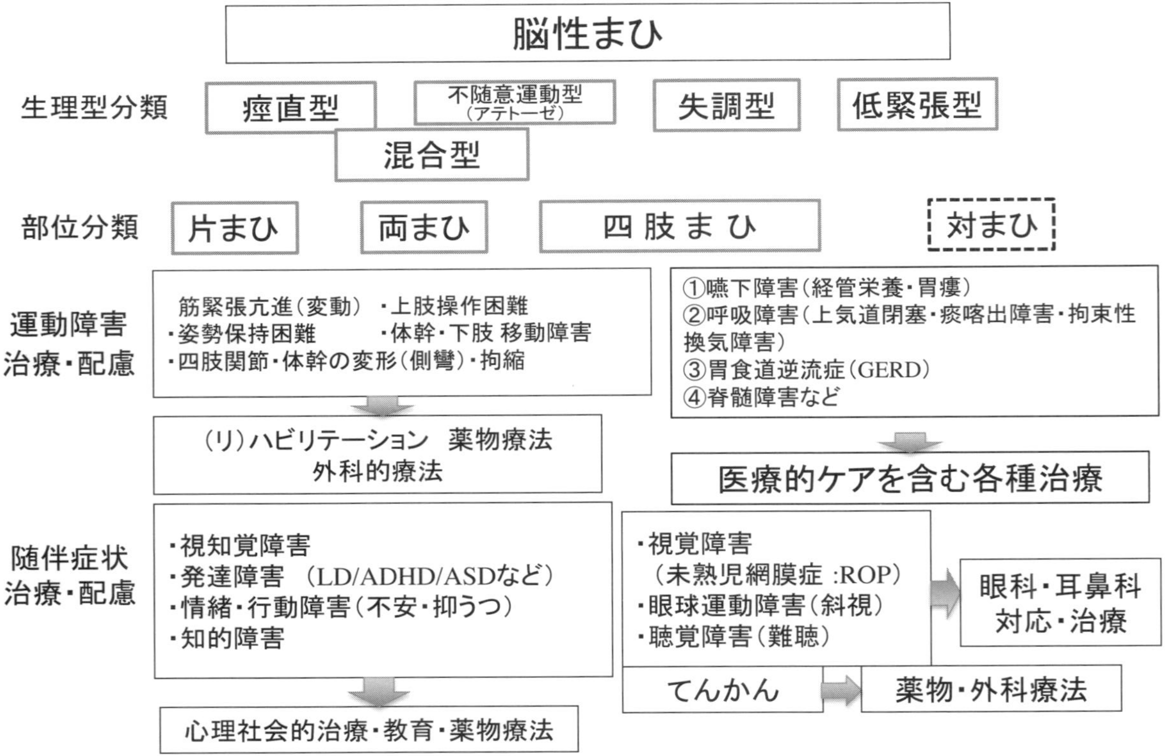

MED 治療法便覧2017 私の治療「脳性まひ」日本医事新報社 一部改変

図 4 - 1 脳性まひの分類，主な随伴障害と治療

形・股関節脱臼をきたしやすい。

A　痙直型両まひ：早産低出生体重児での脳性まひの多くはこのタイプで，脳室周囲白質軟化症（PVL）を基礎病変とする（図４‐２）。脳室周

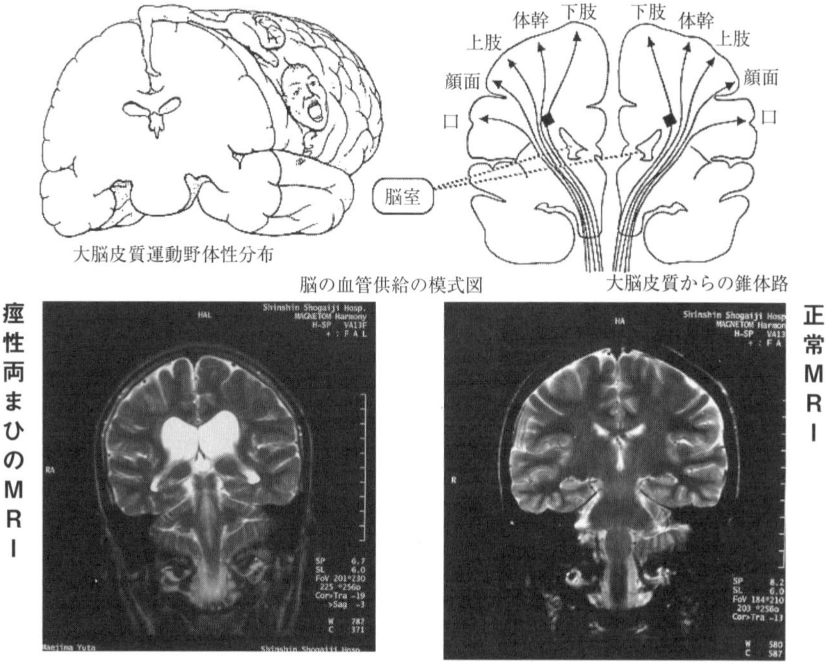

図４‐２　PVL（Peri Ventricular Leukomalacia）
脳室周囲白質軟化症と痙直両まひ

囲には錐体路の神経分布が脳室に近い順に下肢・体幹・上肢・口と外側に走行しており，脳室周囲の傷害により，下肢の障害が強く，上肢や口腔機能は問題がないかあっても軽度から中等度である。

上肢障害も強い場合には「四肢まひ」に分類される。

知的障害がない場合でも，視知覚障害など学習障害，自閉スペクトラム症・注意欠陥多動性障害などの発達障害の併存へ留意する。

脳室内出血では水頭症を合併することがある。軽度では頸定や寝返りはあまり遅れない場合があるが，座位が遅れる，長座位が困難で後ろに倒れる，下肢の硬さや伸展・内転・内旋・尖足傾向（下肢の蟹バサミ状交叉肢位）など，自発運動パターンが診断の決め手となる。

B　痙直型片まひ：片側の障害，上肢障害が目立つ片まひのみであれば歩行可能となることが多い。運動障害部位の感覚障害を伴うこともある。てんかん合併の頻度が高い。

C　痙直型四肢まひ：両側四肢体幹の障害，変形拘縮を早期に来しやすい，重度の場合，さまざまな合併症を重複し，生命維持機能と呼ばれる呼吸障害・嚥下障害も起こすことが多く「医療的ケア」を必要とする場合も少なくなく，適切な対応が必要である。てんかん合併率が高い。

②不随意運動（アテトーゼ）型：重度仮死か重症黄疸による大脳基底核傷害が原因であることが多い。全身の障害で軽度から重症まで程度の幅が大きいが，多くが四肢まひに部位分類される。

筋の緊張が安定せず変動する，姿勢が定まらず崩れやすく，不随意運動が出てしまう。左右対称姿勢がとりにくい，正中指向動作姿勢困難（例：仰臥位で胸の前〈正中〉で両手合わせができない）。精神心理的要因で筋緊張亢進が起こりやすい。構音障害が起こりやすい，痙直型脳性まひの要素を伴っている（混合型と表現する）場合も多い。

③失調型：小脳傷害が主な原因で起こる。症状として，小脳半球の症状は，失調性歩行・企図振戦・眼振・構音障害などが見られ，小脳虫部では体幹失調が主症状である。時に小脳症状の他になく，脳幹部の症状である脳神経症状（顔面神経まひ・咀嚼・嚥下障害など）を合併することもある。

5　治療

1） 最近のICF（国際生活機能分類：International Classification of Functioning, Disability and Health）に基づく評価（社会への参加・活動を指標とする）では，理学療法士（PT）や作業療法士（OT）などのリハビリテーション（小児の場合は，ハビリテーション）を行うだけでは効果が認められないとの報告があり，年齢が低い子供においては，本人のモチベーションを高め維持する，例えば，遊びを通じて楽しくできる内容を提供するなどの工夫が必要である。近年ではICTの活用が進んでおり，日常生活・学校生活においての代替手段などの提供も必要である。さらに，子供の育ちの基盤は，家庭や家族であるので，家族支援も重要なポイントである。

近年早産低出生体重児（2000 g以下）の子供では，一般出生児より「自閉スペクトラム症」となる割合は５倍程度頻度が高いとされており，その予防的な観点から，早期からの対人関係構築などを意識した指導や支援が行われつつある。

2） 脳性まひへの典型的治療は以下の通りである。

①リハビリテーション

A　理学療法：筋力強化とリラクゼーション，変形・拘縮予防，関節可動域訓練，粗大運動の向上・維持，体幹・下肢の装具，つえ・歩行器・車いす作成等の移動手段の相談と提供など。

B　作業療法：筋力強化とリラクゼーション，良姿勢の確保，手腕操作，日常生活活動への工夫や自助具，代替器具や道具の提供，上肢・手指の装具の提供など。

C　言語療法：構音障害（アテトーゼ・失調型など）・嚥下障害へ摂食指導，意思伝達手段の工夫，代替機器の提供と指導，知的障害としての言語遅滞，表出性言語遅滞への指導・相談，聴覚障害の有無の評価・指導。

②痙縮・筋緊張亢進に対する主な治療（アメリカの重度痙縮治療ガイドラインより引用）。

A　経口の薬物療法とリハビリテーション

B　選択的脊髄後根遮断術（SDR）：痙性対まひで知的にも良好で歩行が期待できる例（年齢が3〜8歳）。

C　それ以外はバクロフェンポンプ（ITB）

D　ボツリヌス毒素（BOTOX）注射：効果が持続せず（約3か月），繰り返すことで抗体産生が起こる。矯正ギブスと併用し，軽度の局所の拘縮の治療（CのITB治療）。年齢（3〜4歳）までのつなぎ。

E　整形外科的治療：関節・筋や腱の器質的拘縮に対して適応

3）併存疾患への治療

脳性まひは，単純な運動機能障害だけではない。すなわち，てんかん・知的障害・コミュニケーション障害や重度となると，嚥下障害や呼吸障害など生命維持に関連する障害を随伴するため，それらの障害に対し，レントゲン・CT・MRIの他，嚥下障害については，内視鏡やビデオ透視による嚥下評価や造影検査などで評価を十分行い，「医療的ケア」を含む適切な治療を行う。

6　学校教育における配慮

「脳性まひ」は特別支援学校（肢体不自由）に通学するおよそ40％を占める最多疾患である。

上述した，運動障害への対応（痙直型とアテトーゼ型で異なる），障害に応じたリハビリテーション，移動手段の提供，学校生活活動では，自助具の提供，PC，タブレット端末の使用などの必要性，随伴症状への対応，情緒・精神面への配慮（年齢により，障害受容に向けた配慮，反抗期への対応など）。

「発達障害」の併存が最近注目されており，各種教育への配慮のほか，情緒やコミュニケーション課題への対応や治療，また，薬物療法が有効なこともあるので，小児精神科的対応も考慮する。

個別の教育支援計画などに基づく，福祉関連機関（放課後等デイサービス），医療機関との連携（医療的ケアの必要なケースの指示書，急変時の対応の確認），協働も重要である。さらに，災害時の対応（抗てんかん薬など薬剤の確保・保管，医療的ケア児には，必要に応じて，電源確保や代替機器等の準備など）を確認しておく。

なお，「筑波大学　特別支援教育　教材・指導法データーベース」には，脳性まひ児に対する学校生活を中心とする，姿勢管理や運動機能などの「自立活動」の指導や学齢前より利用できる視知覚課題等への配慮点や工夫が収載されており，参考となる。

7　染色体異常・先天性代謝異常などの脳性まひの近縁疾患

染色体異常や代謝異常は，家族性または孤発に，その染色体の責任領域により　精神運動発達遅滞（知的障害），脳形成異常や欠損，それに関連する運動まひ，筋緊張異常，視覚・聴覚障害など感覚障害，さらに，心奇形・腎奇形など内蔵障害の合併など，さまざま重複した課題を持つことがある。また，性格特性（例：自閉的傾向）や行動障害が現れやすい染色体異常がある。

脱髄性疾患（神経疾患の一種で，有髄神経の髄鞘が障害されることで起こる疾患）の一部は，脳性まひと症状が類似していることも多い。進行性であることが多く，非進行性である脳性まひとは異なり，生活活動機能が徐々に低下するので，症状の進行に合わせて支援や配慮すべき内容が変わるため，その疾患の症状の経過や予後を踏まえた対応や支援が求められる。

1） 随伴する障害

①嚥下障害

脳性まひで四肢まひなど障害が重度の場合やアテトーゼ型の場合，「嚥下障害」を伴うことが多い。多くの場合，四肢・体幹のまひがあると手足を動かすことの困難とともに，顔面を動かしたり，噛み砕く（咀嚼），飲み込むこと（嚥下）などの脳神経が障害されて，上手に食べ物を飲み込めなかったり，唾液（つばき）すらうまく飲み込めず，よだれ（流涎）として口から出してしまう場合が少なくない。そのため水分も十分にとれず，脱水になりやすいので注意が必要である。さらに，誤嚥により，肺炎（誤嚥性肺炎）など生命維持機能に影響することも起こりうるので，状態を把握し適切に対応することが必要である。

例えば，食事については，1）どのような姿勢（上体角度だけでなく，頸部の角度が重要），2）どのような方向から，3）何を使って（道具），4）1回にどのくらいの量を，5）食形態（ペースト状，マッシュ状，きざみ，など），6）水分にとろみ（増粘剤）をつけるか，1日どのくらい飲ませるか，7）好きなもの，嫌いなもの，食べさせてはいけないもの（アレルギーなど）などを配慮する。

「医療的ケア」に該当する，経管栄養などは他項を参照のこと。

②てんかん

A　てんかんの発作分類と症候群分類

てんかんは，国際分類されており，「発作分類」と「てんかん症候群の分類」と2種類がある（2017年改訂）。発作の分類は，実際の発作型の記述と脳波所見により判断するが，それが治療薬選択の基礎となる。てんかん症候群の分類は，原因や病変の部位も含んだ診断名となる。

「焦点起始（部分）発作」は，発作の始まりが大脳の一部分や半球の片側だけにあるものである。意識障害の有無で分類し，さらに症状により，細分化される。「全般起始発作」は，最初から両側の大脳半球が巻き込まれているものを示す。焦点か全般か特定できない場合は，「起始不明」に分類される。重度脳性まひと合併する場合は，難治てんかんが多い。

発作の分類とは別に「てんかん重積」と呼ばれる状態がある。発作がおよそ５分以上続いているときや，発作がいったんおさまっても，何度もくりかえし発作が起こる場合で，抗てんかん薬の坐薬挿入など，発作を早く止める対応や，医療機関への救急受診が必要な場合もある。

B　てんかんの治療

薬物治療：発作分類に対応した薬剤選択がされ，ガイドラインに沿った治療薬を選択するが，鎮静・眠気，嚥下障害，呼吸障害，発作の悪化など薬の副作用に十分注意する必要がある。薬剤によって注意すべき副作用があるので，成書を参考にされたい。

外科治療：薬物治療を行っても改善しない難治てんかんで，発作により日常生活活動の質がかなり低下している場合や発作のタイプにより，外科治療が適応となることもある。

C　学校教育における配慮

学校におけるてんかん発作への対応については，大きな発作の場合，唾液・分泌物が増加し嘔吐を伴うこともあるので，誤嚥・窒息予防のため横向けに寝かせる。顎を少し上げて気道確保し，衣服をゆるめ，呼吸の妨げにならないようにする。二人以上で対応し，保健室にも連絡する。時計を見て，発症時刻のメモや動画撮影をして対応を始める。症状の出方（発作の型）が治療薬の選択の参考となるので観察は大切である。胸腹部や下肢の動きも見ることができるように，体に毛布などはかけない。医療的ケアで，経管栄養でミルク等の注入を行っているときに発作が起こった場合には，注入はいったん止める。多くの場合，いつも通り同じ発作で，持続・終了時間も予測がつく。しかし，いつもの発作とは異なる場合や意識回復の悪い場合など，脳内で別の変化（出血や梗塞など）が起きている可能性もあるので注意する。顔色，口唇色，呼吸状態（胸，腹が動いているか，口・鼻から空気の流れがあるか）を見て，あれば酸素飽和度モニターもつける。万一，顔口唇色がひじょうに悪く，呼吸が浅く少ないか止まっているときには，救急対応が必要になる。吸引，酸素投与，人工呼吸，場合によっては救急蘇生や救急搬送なども準備する。発作が続く場合には，保健室と連携して重積への発展を想定しながら，主治医からの指示に従い，抗けいれん剤（坐薬）の挿入を考慮する。同時に，医療機関への連絡，受診の準備と保護者への連絡をする。

③視覚障害への支援

脳性まひでは，斜視や未熟児網膜症など眼科的課題が多い。視覚障害がある子供には，①視覚保障と視覚学習（見えやすくする工夫・点字利用）②主にコミュニケーションの支援（人間のコミュニケーションの2/3は非言語によるコミュニケーションである）③入りにくい情報を補う（情報保障）④周囲との環境調整，などが大事である。視覚障害がわかれば早期からの眼鏡の使用とその調整が定期的にされる。

高度以上の視覚障害の場合，点字，音声での会話を利用したコミュニケーションを図るが，言語による予告等「心づもり」できるように，わかりやすく（具体的，簡単・明瞭な文）伝える。また，知的発達状態へも把握して配慮する。

④聴覚障害への支援

聴覚障害がある子供には，①聴覚保障と聴覚学習（聞きやすく・聞き取りの力をつける）②コミュニケーションの支援（手話を含む，視覚的補助を利用したコミュニケーション手段の学習や技術の向上）③入りにくい情報を補う（情報保障）④本人と家族の障害理解　⑤周囲との環境調整，などが大事である。難聴がわかれば，早期からの補聴器の使用とその調整（乳児用補聴器では生後6か月未満でも使用開始することもあり）が定期的にされる。最近では，重度の難聴では人工内耳の埋め込み手術とその利用が増加している。人工内耳の適応とその実際は成書（人工内耳について書かれた書物）を参照していただきたい。

難聴が中等度以上の場合補聴器だけでは，言語発達保障が不十分のため，補聴器と手話・表情・読話・写真・絵・文字など視覚的補助を利用するが，最近ではタブレットタイプのパソコンやスマートフォンなどICTを利用した視覚情報利用，音声情報の利用を考慮する。

8　脳腫瘍，脳症・脳炎・髄膜炎，脳虚血（脳梗塞も含む）後遺症（中途障害）

1）原因・症状

脳腫瘍・脳炎や髄膜炎などの中枢神経感染症や脳症，脳血管障害などによる後遺症は，その疾患の重症度により後遺症の症状はさまざまである。一般に，新生児・乳児期など低年齢罹患の場合のほうが重症化しやすい。年齢が増しての発症は，軽症であったり，運動障害以外の知的障害・てんかんなどと精神機能（情緒・注意・行動などで，学齢期となると高次脳機能障害の症状として現れる）の後遺症を残しやすい。髄膜炎では，細菌性（化膿性）髄膜炎のほうが後遺症を残しやすい。また感覚（聴力・視覚）障害，水頭症を合併することが少なくないので，注意を要する。以下に後遺症として残りやすい症状を表4-1に列記した。

表 4 - 1　脳症・脳炎・髄膜炎，脳血管障害などの後遺症として出現しやすい症状

運動まひ（四肢まひ・片まひ・失調・低緊張，嚥下障害・呼吸障害）
水頭症
感覚障害（皮膚の温痛覚，触覚など）
視覚障害（半盲・中枢盲〈皮質盲〉）
聴覚障害（中枢性だけでなく，末梢障害　難聴など）
てんかん
高次脳機能障害（認知・注意・記憶，情緒・行動障害など）
言語障害（失語・構音障害など）
知的障害　行動異常
体温調節障害（思春期早発症など）

2）学校教育における配慮

上記したような後遺症に対しての適切な対応を心がける。感覚障害など見落とさないよう留意する。以下に述べる頭部外傷とならんでこれら障害は中途障害であることが多いので，本人自身とその家族のいわゆる「障害の受容」に時間がかかることが多いことを念頭に置く。外部からの強いストレスに対し，人間の精神心理的反応行動として起こる順応行動（Coping Behavior）の過程として，先天性障害を持った親の障害受容モデル（Drotar 1973）①ショック　②障害否認　③悲しみ・怒り・不安　④適応　⑤再起，という受容の過程を理解し，その受容の段階に応じた精神的ケアとフォローを心がける。

第３節　脊髄の障害

1　二分脊椎

1）原因

脊椎骨の後側が欠損して奇形の脊髄組織が嚢胞状に突出する先天性脊椎奇形で，脊椎まひが起こる。腰仙椎部に多い。原因は栄養学的因子（葉酸），遺伝子（卵性双生児），環境因子が推定されているが，まだ特定されていない。

2）症状・特徴

症状は，運動・感覚障害と排泄機能障害及び合併率の高い水頭症とその治療で実施されるシャント手術のトラブルや髄膜炎の合併に伴う後遺症などさまざまである。

① **Sharrard の分類**が利用される。

第Ⅰ群（胸椎レベル）：傷害のある胸椎以下のまひにより下部体幹と下肢全体のまひ運動能力は，座位レベル，車いすが必要。

第Ⅱ群（第１，２腰椎レベル）：下肢まひは，股関節屈曲は可能だが，膝関節の伸展ができない運動能力は，座位レベル，ほとんど車いすが必要。

第Ⅲ群（第３，４腰椎レベル）：股関節屈曲，内転可能だが，伸展が弱く，膝関節の伸展は正常またはやや弱い。立位は装具が必要。

第Ⅳ群（第５腰椎レベル）：股関節屈曲，膝関節の機能は保たれ，足部のまひで足部変形が起こる（内反，外反，尖足，踵足などさまざま）伸展は正常またはやや弱い。立位・歩行に足装具が必要。

第Ⅴ群（第１，２仙椎レベル）：足部のまひは軽度で足部変形凹足，踵足などが起こる。歩行可能。

第Ⅵ群（第３仙椎レベル）：下肢のまひは見られない。歩行可能。

②運動障害：脊椎下部であるほど障害は軽い，上肢運動は正常で下肢のみの障害である対まひ（paraplegia ）で弛緩性まひがあることが多い。水頭症，脊髄空洞症を合併するときは，上肢・体幹の筋力低下・筋緊張低下が起こる。髄膜炎を合併すればその脳障害によるまひ症状が現れる（前述 8〈p.67〉を参照）。

③感覚障害：脊髄障害であるため，運動・感覚両者が障害される。熱さ・痛み・触られた感じ（触覚）・押された感じ（圧感覚）がない。そのため怪我（出血・骨折など），褥瘡，熱傷の発見が遅れることがある。長時間同一体位・圧迫での褥瘡形成の危険がある。

④膀胱（直腸）障害：ほとんどの例でＳ（仙髄）レベルの傷害があるため，運動障害が軽くても排尿障害を伴う（神経因性膀胱）。尿失禁（尿意がない：感覚障害），尿路感染を繰り返し，水腎症の併発さらに腎機能低下から腎不全に至る危険があるので，その予防対策はひじょうに重要である。カテーテル導尿（間欠・留置），手圧排尿（クレーデ）で残尿をなくす。これらは「医療的ケア」である導尿の補助が必要なケースが多い。自己導尿は，小学校低学年からでも可能であるが清潔・安全操作を取得するまでには丁寧な指導が必要である。しばしば思春期年齢で，自己導尿の必要な回数を拒否する子供がいるが，水腎症発生または進行の原因となる。人工膀胱瘻を増設することもある。

運動障害が軽くても排便障害を伴う。肛門を閉じることができない。便が軟らかいと失禁。プールなどで肛門から水が入り失禁することもある（オムツの使用，肛門周囲に袋を貼る〈ストマケア様〉）。便秘の場合は，洗腸・緩下剤・浣腸，摘便，人工肛門設置などを考慮する。

⑤水頭症：半分から 2/3 の例で合併する。水頭症に伴い学習障害（視知覚障害）を合併しやすい。先天性の水頭症では脳で作られた髄液が途中の通路閉塞してしまっていて脊髄へ流れていないため脳に水が溜まり脳

を圧迫している状態（水頭症）で，治療として，脳室へチューブを入れその液を腹腔（お腹）へ流すバイパスの手術（VP シャント）をして脳への圧迫を予防する。チューブが詰まると，頭痛，嘔吐，意識障害（傾眠：眠りがち），痙攣→呼吸停止など脳を圧迫した症状が出現するので，頭をぶつけたりしないこと，嘔吐があれば，早めに医療機関（脳外科）受診する必要がある。どこにシャントが入っているか確認しておく。

3） 学校教育における配慮

二分脊椎の障害のレベルによって，運動まひ・感覚まひの程度や範囲が異なる。対まひである運動と感覚の障害，高頻度に合併しやすい水頭症等の合併症やてんかん，排泄障害など，神経因性膀胱が合併するので，医療的ケアの一つである「導尿」について，導尿または自己導尿への補助が必要となることが多い。

排便管理も重要である。

2　その他の脊髄損傷：paraplegia

1） 原因・症状

脊椎損傷は，脊髄腫瘍，交通事故・スポーツ事故などによって起こりやすいが，ダウン症に合併しやすい頸椎（環軸椎脱臼：C1，２脱臼），筋緊張亢進，変動が強いアテトーゼ型脳性まひの頸髄症などでも起こる。脊髄の損傷部位により，その部位以下の運動，知覚障害（脊椎まひ），排尿・排便障害（膀胱直腸障害，神経因性膀胱）が主要症状である。頸髄損傷（C３より上位）では呼吸障害・呼吸停止となり人工呼吸器療法が必要なこともある。まひの程度は，損傷の程度に左右される。

2） 学校教育における配慮

脊髄の損傷レベルによって，運動まひ・感覚まひの程度が異なる，排泄障害は高頻度で起こるので，排泄管理は重要である。中途障害の場合は，本人と家族の障害受容に十分配慮が必要である。

第4節　筋肉の疾患・障害

1　筋ジストロフィー

遺伝性疾患（散発・個発例もある）で骨格筋の壊死と再生がうまく働かず，筋力低下が徐々に進行し，生命維持機能である呼吸障害，心臓障害などを起こす障害である。なお，ジストロフィン蛋白は神経細胞にも存在しており，その欠損により，知的障害，自閉スペクトラム症などの発達障害を併存することが少なくないため，障害の受容だけでなく，発達障害などの精神心理面への評価と支援も必要である。

1）【原因】 遺伝形式による分類

X連鎖劣性遺伝：a)デュシェンヌ型　b)ベッカー型　c)エメリー・ドレフィス型

常染色体劣性遺伝：a)肢帯型　b)先天性：福山型，非福山型（メロシン欠損型，陽性型）c)遠位型

常染色体優性遺伝：a)顔面肩甲上腕型　b)肢帯型　c)眼・咽頭型

2）【症状】

①デュシェンヌ型筋ジストロフィー

ジストロフィン遺伝子異常により，蛋白の欠損があり，筋力は徐々に低下する。幼児期に下腿の肥大や転びやすい，うまく走れない等で気付かれる。日本では，発症以前に，アレルギー等の血液検査で高CPK（クレアチンキナーゼ）血症で発見されることが多い。概ね10歳ごろ歩行不能となる。また10歳以後，呼吸不全や心筋症を認めるようになる。過去の生命予後は10歳代後半だったが，人工呼吸器導入などで平均余命は30歳を超えるようになった。根本的治療は研究中である。

なお，ジストロフィン蛋白は神経細胞にも存在しており，その欠損に

より，1/3程度に知的障害や自閉スペクトラム症などの発達障害を併存する。

合併症：心筋障害，呼吸機能の低下，側弯症，知的障害，発達障害（自閉スペクトラム症），便秘・下痢。

②先天性福山型筋ジストロフィー

乳児期早期より顕著な全身の筋力低下と筋緊張低下が認められる。ときに関節拘縮を伴う。

合併症：知的障害（中等度～重度），てんかん，近視など思春期以後呼吸・心筋障害の進行，嚥下障害（中学年齢で急激に悪化するので誤嚥に注意を要す）。

3）学校教育における配慮

疾患種類，筋力低下の進行状態や障害の部位によって配慮が異なる。

リハビリテーション（拘縮・変形の進行予防など）においては，過度の筋肉運動は筋肉を損傷しうるので十分留意する。電動車いすやPC，タブレット端末等，日常生活，学校生活での日常生活・側弯予防，体幹部を支えるコルセット等の補装具など医療機関などと連携を図り，提供する。さらに，呼吸障害の程度に応じて，医療的ケアである非侵襲的人工呼吸器療法（IPPV）導入が検討される。

また，1/3程度に知的障害や自閉スペクトラム症などの発達障害を併存するため，下述の精神心理的ケアと合わせて発達の障害特性に配慮した支援も必要である。

本人と家族の障害受容に十分配慮が必要である。病名・障害名を子供に告知されていない場合が少なくないので十分注意し，保護者や家族と告知状況と本人の理解や受容の状況を確認しておくことが必須である。

2　脊髄性筋萎縮症（SMA）：Spinal muscular atrophy; Werdnig-Hoffmann 病

主として，脊髄前角細胞が変性・脱落することで筋の脱神経が起こり，全身の運動障害を来す進行性疾患。

遺伝病：5 q 13（survival motor neuron SMN 遺伝子と NAIP）

SMA-Ⅰ型：重症型（乳児発症：W-H 病）

SMA-Ⅱ型：中間型（生後 6 か月～幼児期前半）

SMA-Ⅲ型：慢性型（Kugelberg-Welander 病）

成人発症は ALS である。

・重症型では呼吸筋障害が早期に起こり，人工呼吸器・コミュニケーションエイドなどが必要。

・中間型は，徐々に筋力低下，側弯・変形→徐々に呼吸機能低下していく。

3　先天性ミオパチー・ミトコンドリア脳筋症

乳児期早期に発症する筋の低緊張（hypotonia）と，びまん性だが特に近位筋群に強い筋力低下を示す疾患群のこと。

緊張低下（Floppy infant〈ぐにゃぐにゃ児〉）の群の一つである。

通常は，筋ジストロフィーとは異なり，非進行性（non-progressive）と考えられているが，早期発症の疾患の中にはゆっくり進行していくものがある。発症は孤発例が多い。筋生検にて確定診断される。

重症のタイプでは筋力低下が著しく呼吸筋障害のため人工呼吸器・コミュニケーションエイドなど必要となる。

次の 4 つが代表的な疾患である。1) Central core 病（Central core disease)，2）ネマリンミオパチー（Nemaline Myopathy)，3）ミオチュブラーミオパチー（Myotubular Myopathy)，4）先天性筋線維型不均衡(Congenital fiber type disproportion)。

第５節　骨・関節の疾患・障害

１　骨形成不全（OI : Osteogenesis Imperfecta）

１）原因

骨形成不全（以下，OIと略す）は，骨基質の主なる成分のⅠ型コラーゲンタンパク質（α１鎖または２鎖）の遺伝子異常による。Ⅰ型（軽度：変形がない）からⅡ型（周産期致死型），Ⅲ型（変形進行型），Ⅳ型（中等症型）に加え，最近では責任遺伝子の発見が進みSillenceの分類でXⅥ型まで命名されており，常染色体優性，または劣性疾患である。

２）症状

膜性骨化の異常により，骨の低成長（結果的に低身長），易骨折性，骨密度の低下や頻回の骨折による，四肢の長管骨，脊椎，胸郭の変形や関節の弛緩を示す全身性の疾患で，骨以外の合併症状に，歯牙形成不全，眼科的に青色強膜や難聴（加齢とともに半数程度まで増加する）や心臓弁膜異常などを併存する。

現在，骨を強化する内科的薬物療法で骨折の頻度の減少など改善や効果が認められている。外科的には，骨折時の整復固定や脊椎側弯や後弯変形に対する矯正固定術等などが行われる。

３）学校教育における配慮

易骨折性：学校生活活動やリハビリテーションでは骨折をできる限り減らす工夫をする。変形が進むと車いす上での姿勢保持の困難や疲労，呼吸障害の発生や悪化が起こることもあるので，休憩時間を設けるなど，体調に配慮する。歩行困難ケースには電動車いすなど早期から利用する。上肢の変形には，机上での日常生活用具や文房具等代替手段など工夫や配慮が求められる。難聴が高頻度にあるので定期的検査を行い必要に応じた配慮をする。

2　その他，骨系統疾患

軟骨内骨化の異常で起こる「軟骨無栄養症（軟骨異栄養症）」，や骨吸収の機能不全と全身の骨の石灰化が増強する「大理石病」，さらに，生まれつき四肢の複数の関節に拘縮や変形を認め，筋肉の低形成を伴う「先天性多発性関節拘縮症」（遺伝性はない）などがある。

後天性に，骨・関節の外傷や感染症などにより，骨の成長障害を起こすこともある。整復・固定・牽引，手術など適切な治療が必要である。学校生活においても，学習場面での代替手段を積極的に提供し使用する。骨腫瘍や良性・悪性の軟部腫瘍（例：横紋筋肉腫）などについては，原因や症状，治療は成書を参考にされたい。

学習課題

(1) 運動と姿勢の異常とを定義の一つとする脳性まひとそのタイプを理解し，よりよい運動機能の獲得と生活の向上について研究してみよう。

(2) 肢体不自由の主な起因疾患と学校教育における指導上の配慮事項をまとめてみよう。

引用・参考文献

1） 石井光子「脳性麻痺」『小児疾患診療のための病態生理 3 ―改訂第 5 版―』小児内科 2016　増刊号　vol.48　p.385-390（東京医学社，2016）

2） 日本リハビリテーション医学会『脳性麻痺リハビリテーションガイドライン 第 2 版』（金原出版，2015）

3） 米山　明『障害のある子どものプール活動にあたっての医学的配慮「はげみ」』（日本肢体不自由児協会，2011　6/7 月号）

4） 筑波大学　特別支援教育　教材・指導法データベース
http://www.otsuka-s.tsukuba.ac.jp/page2_6.html

5） 小林大介「二分脊椎」『小児疾患診療のための病態生理 3 ―改訂第 5 版―』小児内科 2016　増刊号　vol.48　p.567-661（東京医学社，2016）

6） 斉藤加代子ほか「筋疾患と遺伝学的検査」『小児疾患診療のための病態生理 3 ―改訂第 5 版―』小児内科 2016　増刊号　vol.48　p.454-462（東京医学社，2016）

7） 芳賀信彦「骨・関節疾患」『小児科学　改訂第 9 版』p.939-946（文光堂，2007）

8） 中田洋二郎『子どもの障害をどう受容するか　家族支援と援助者の役割』（大月書店，2002）

5　肢体不自由児の心理
―発達を中心に―

徳永　豊

《**目標＆ポイント**》 乳幼児期において，子供は母親などの養育者との「つながり」や「やりとり」を基盤にしながら，自他理解などの社会的関わりの基礎やコミュニケーション，認知など，さまざまな側面における発達を獲得していく。そこで，本章では，乳幼児期を中心に，社会的関わりや知的機能，感情・情動などの発達を取り上げ，それぞれにおける発達の過程と，肢体不自由があることによって生じる課題を理解する。
《**キーワード**》 発達，社会的関わりの基礎，知的機能，感情・情動

第1節　発達とは

生まれたばかりの乳児は自分で移動し，話すことができない。家族と過ごす中で，さまざまな経験を積み重ね，2歳の誕生日を迎えるころには，一人で歩いて好きな場所に行くことが可能になる。さらに親と言葉でやりとりをするようになる。このように，発達によって，人との「つながり」や「やりとり」，コミュニケーション，知的機能，感情・情動などが質的にも量的にも変化していく。

1　発達の原則

一般的に，発達とは胎児が成熟した個体または死を迎える個体に，成長かつ老化するまでの形態や行動が変化していく過程といえる。発達心

理学では，単に大人になるまでの成熟や発達だけでなく，老いていく過程やその意味も問題にしている。しかしながら，ここでは教育の視点から，乳児が大人になるまでの発達を検討する。

2　乳幼児の発達の概要

人が発達していく側面を考える場合に，運動能力や知的能力，言語能力，人格や社会性などで整理することがある。また，図５‐１に示すように「粗大運動」「手指の巧緻性」「対人行動」「表現・言語」の枠で行動を整理することもできる。

粗大運動の項目を見ると，「首がすわる」のが４か月前後，「座る」のが７か月から８か月で，多くの子供が１歳程度で座ったところから立ち上がり，３歳ごろには，短い時間であれば片足で立つことができるようになる。手指の巧緻性を見ると，「物をにぎる」のが３か月のころで，「物を持ちかえる」のが７か月ごろ，「なぐり書きをする」のが12か月のころである。

対人行動を見ると，「あやすと笑う」のが４か月のころで，「まねをする」のが８か月のころである。さらに，表現・言語を見ると，「声を出して笑う」のが３か月から４か月のころで，「２語言葉を言う」のが12か月のころである。このように，乳児期の発達的変化は著しく，月齢とともに質的にも量的にも変化していく。

肢体不自由で，知的障害が重度な児童生徒との授業を考える場合に，知的発達の程度を把握することが重要になる。特に乳児から３歳児程度までの発達の特徴や行動のつながりを把握しておくことは，教員にとって欠かすことのできない専門性である。

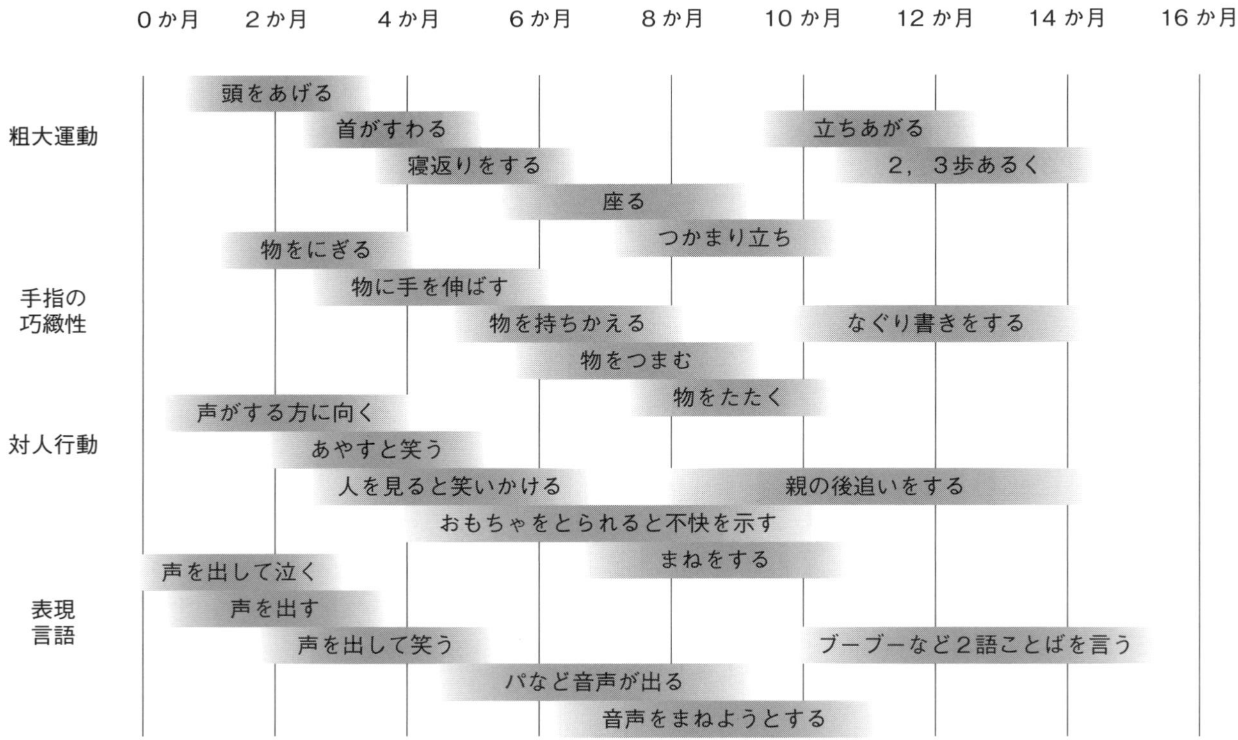

図5-1　乳児のおおまかな発達
（発達の時期については，遠城寺式乳幼児分析的発達検査を参考に）

3　成熟と学習・経験

このような発達を規定する要因として，成熟の要因と学習・経験の要因がある。成熟とは，時間の経過に伴って自然に能力や行動，形態などに変化が生じることである。また，学習・経験とは，体験・経験によって能力や機能，行動などに変化が生じることを意味する。

特に，学校教育として授業を展開することは，児童生徒に適切な学習・経験を準備することである。そのためには，発達の側面やその段階，順序性を理解することが大切になる。なぜなら，教員が準備した課題が，児童生徒にとって難しすぎたり簡単すぎたりすると，適切な学びにつながらないからである。

4　関わる大人の重要さ

運動発達や知覚・認知の発達などは，成熟の要因が大きい側面である。学習・経験を工夫しても，能力や機能に著しい違いは少ない。それに対して，社会的関わりやコミュニケーション，言語，社会性などは，学習・経験の要因が大きく影響する。つまり，母親を含めて大人が乳幼児に対してどのように働きかけたり応じたりするかに，その発達は左右される。

またヴィゴツキー（Vygotsky, L. S.）は，子供が自主的に問題を解いたときの水準と援助を得て問題を解いたときの水準で，それらの相違部分を，「発達の最近接領域」と呼んでいる。さらに，「教育の可能性は子供の発達の最近接領域によって決定される」としている（守屋，1986）。授業における課題設定は，大人が援助して可能となる領域を大人が適切に選択することが重要であり，この点からも「関わる大人の重要さ」を再確認しなければならない。

第２節　自他理解などの社会的関わりの基礎の発達

乳児は，母親などの養育者との「つながり」や「やりとり」を基盤にしながら，自他理解などの社会的関わりの基礎やコミュニケーション，認知などの発達を獲得していく。発達の基礎にある「つながり」や「やりとり」をどう考えればいいのだろうか。

重度の知的障害を伴う肢体不自由児と行動を共にすると，子供は行動する大人を，また目の前に差し出される玩具をどのようにとらえているのだろうか，という疑問が生じる。教員は，子供の「人」や「物」への注意の向け方やその理解などの体験を推測しつつ授業を展開しなければならない。

ここでは，乳幼児の「人」や「物」との関わりを，どう理解するかを取り上げる。最終的に２歳前にできあがる構造，これが「共同注意が成立した三項関係（図５－２）」であり，子供が「りんご」とことばを発して，それを大人が聞いて，お互いにりんごのイメージを共有して，やりとりを展開することの基礎になるものである。

１　共同注意が成立した三項関係（14か月ごろから18か月ごろ）

共同注意とは，「他者と関心を共有する事物や話題へ，注意を向けるように行動を調整する能力」（徳永，2009a）であり，玩具へと注意を向け他者と玩具を共有する能力で，その後に獲得する認知能力や言語能力の基礎になるものである。

他者理解として，他者の意図や感情などの心的活動への気付き（図５－２において，自己，他者の内側の丸が実線であるのはこれを意味する）が形成され，その他者と対象物を共有しながら，やりとりを展開する段階をいう。このようなことが可能となるのは，１歳半前後であり，

「お母さんはどこ」などの質問に，台所を指さして答える。ことばでのやりとりが増加し，意味するもの，意味されるものの関係を理解する。他者の意図や感情の理解が形成され，同情やいたわりなど，なぐさめる行動が生じる。

どのような障害がある子供であっても，言葉でやりとりが可能であれ

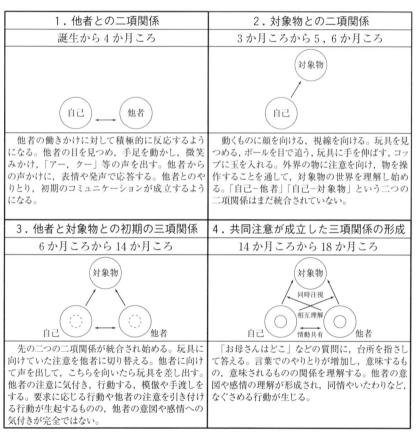

1．他者との二項関係	2．対象物との二項関係
誕生から４か月ころ	３か月ころから５，６か月ころ
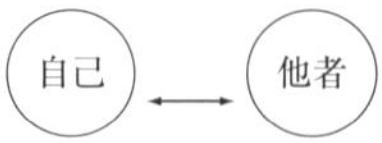	
他者の働きかけに対して積極的に反応するようになる。他者の目を見つめ，手足を動かし，微笑みかけ，「アー，クー」等の声を出す。他者からの声かけに，表情や発声で応答する。他者とのやりとり，初期のコミュニケーションが成立するようになる。	動くものに顔を向ける，視線を向ける。玩具を見つめる，ボールを目で追う，玩具に手を伸ばす，コップに玉を入れる。外界の物に注意を向け，物を操作することを通して，対象物の世界を理解し始める。「自己－他者」「自己－対象物」という二つの二項関係はまだ統合されていない。
3．他者と対象物との初期の三項関係	4．共同注意が成立した三項関係の形成
６か月ころから14か月ころ	14か月ころから18か月ころ
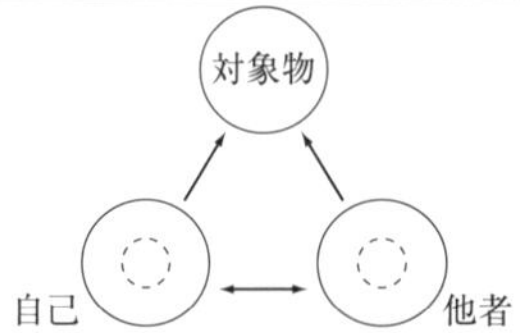	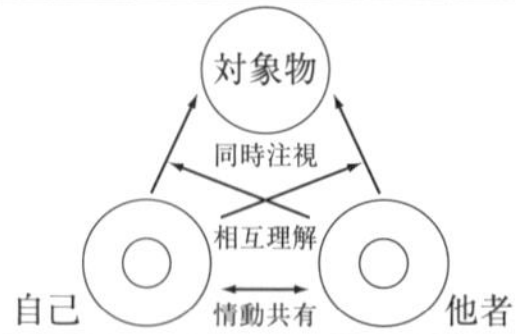
先の二つの二項関係が統合され始める。玩具に向けていた注意を他者に切り替える。他者に向けて声を出して，こちらを向いたら玩具を差し出す。他者の注意に気付き，行動する，模倣や手渡しをする。要求に応じる行動や他者の注意を引き付ける行動が生起するものの，他者の意図や感情への気付きが完全ではない。	「お母さんはどこ」などの質問に，台所を指さして答える。言葉でのやりとりが増加し，意味するもの，意味されるものの関係を理解する。他者の意図や感情の理解が形成され，同情やいたわりなど，なぐさめる行動が生じる。

図５-２　共同注意が成立した三項関係の形成までの発達段階

ば，ゆるやかにこの共同注意が成立した三項関係が形成されている。授業において，子供と教員とのやりとりで，学びが積み上がる際の基礎になる構造と考えられる。

それでは，2歳前にこの構造ができあがる前の段階をどう考えればいいのだろうか。

2　覚醒と外界への注意

乳児は，環境である「人」や「物」と相互作用をしながら発達していく。その前提には，外界の「人」や「物」に気付き，受け止める力が必要になる。気付き，受け止めるためには，覚醒し意識を保つこと，その上で，外界に注意を向け，注意を持続することが前提になる。

3　他者との二項関係（誕生から4か月ころ）

生後2か月ころを過ぎると，乳児は，養育者である母親の働きかけに対して積極的に反応するようになる。母親の目を見つめ，手足を動かし，微笑みかけ，「アー，クー」等の声を出す。これが，母—子関係に代表される子供—大人関係を示す「自己—他者」の二項関係の形成である。乳児と他者の二項的なやりとり（dyadic:infant-other, Dunham & Moore 1995）や二項表象（dyadic representations, Baron-Cohen 1995）と言われる場合もある。

「周囲の大人に視線を向け，見つめて見つめかえす」「周囲の大人からの声かけに，表情や発声で応答する」など，乳児と養育者のやりとり，コミュニケーションが成立するようになる。また，養育者は乳児へ働きかけるときに，単純で明確に，特徴的な韻律で乳児が反応しやすいように工夫する。

このような関係を「他者との二項関係」の成立という。正式には，原初的な「他者との二項関係」である。なぜなら，その後に他者に関して意図や感情が伴う主体を意識した他者理解が成り立って，本来の「他者との二項関係の形成」になるからである。その段階になると，より複雑な関係形成も可能になるので，ここでの「他者との二項関係」は，原初的なものを意味する。

4　対象物との二項関係（３か月ころから５，６か月ころ）

４，５か月ころになると外界への興味が高まり，動く物に顔を向ける，視線を向ける。玩具を見つめる，ボールを目で追う，玩具に手を伸ばす，コップに玉を入れる。外界の物に注意を向け，物を操作することを通して，対象物の世界を理解し始める。これも二項関係であるが，他者に対してのものでなく，対象物との二項関係の形成になる。二項表象（dyadic representations, Baron-Cohen 1995）のもう一つのタイプになる。

この時期は「自己—他者」「自己—対象物」という二つの二項関係はまだ統合されていず，どちらかの関係しか形成できない。このように人や物との原初的な二項関係が芽生え，その後の三項関係における共同注意が成立し，これらがコミュニケーション発達の基盤となるとされている（大神，2008）。

5　他者と対象物との初期の三項関係（６か月ころから14か月ころ）

７，８か月ころになると，先の二つの二項関係が統合され始める。玩具に向けていた注意を他者に切り替える。他者に向けて声を出して，こちらを向いたら玩具を差し出す。他者の注意に気付き行動する，模倣や手渡しをする。要求に応じる行動や他者の注意を引き付ける行動が生起する。しかしながら，他者の意図や感情への気付きが完全ではない。

このような関係形成を「三項関係の形成」という。乳児—対象—他者の三項的なやりとり（triadic, infant-object-other Dunham & Moore 1995）や三項表象（triadic representations Baron-Cohen 1995）という場合もある。要求に応じる行動や他者の注意を引き付ける行動が生起するものの，他者の意図や感情への気付きが完全ではない。それゆえに，「初期の三項関係」としている。

6　人への関わりが広がる中で

7，8か月以降は，人との「つながり」や「やりとり」が複雑になっていく。乳児—対象—他者の三項的なやりとりを通して，乳児と他者が物を共有することが可能となる。この物の共有については，「乳児が見ている物を大人が見る」ものから，「大人が見ている物を乳児に示して，乳児が見る」，「乳児が見ている物を大人に示して，大人が見る」と幅広い。このような行動につながるものとして，「視線」や「手ざし」，「指さし」などが挙げられる。

また，子供が外界を理解していく際に，重要となる行動の一つに「模倣」がある。子供が観察した大人の行動を，子供自身が真似ようとして真似るものである。乳児がそのように行動するのは，8か月ころである。この模倣についても，「新生児のみに見られる表情模倣（新生児模倣）」から，「自然に動きを真似してしまう行動（形態模倣）」，「真似ようとして真似るもの（意図模倣）」まで幅広い。

他者の行動を模倣することは，子供が経験を広げる重要な方法であり，新たな行動にチャレンジする意欲にもつながる。また，模倣は単に相手の行動の真似だけに留まらず，相手の意図や内的世界の共有につながる発達現象でもある。

7　アタッチメントとことばの使用

乳児―対象―他者の三項的なやりとりが可能になったあとに，共同注意の形成を基盤とした三項関係（14か月ころから18か月ころ）が成立して，安定した他者とのやりとり，コミュニケーションとなる。

このような母親などの養育者との「つながり」や「やりとり」が，人に対する基本的な信頼の形成につながり，乳幼児のアタッチメント形成につながる。そして「重要な他者との安心できる経験」が，その乳幼児の対人行動の基礎を形成するとされている。

また，共同注意を基盤とする三項関係形成の延長に，ことばを活用した他者とのやりとりが展開され，意味するものと意味されるものとの使用が活発になる。意味するものである「マンマ」と意味されるものである「ご飯」の結び付きが形成され，具体的な意味されるものがなくても，ことばでイメージを共有できるようになる。このようにして，母親などの養育者との「やりとり」が複雑に拡大していく。

第3節　知的発達や感情・情動の発達

乳幼児の発達を理解する一つの考え方として，共同注意を基盤とする三項関係の形成までの段階を取り上げた。これは「人」や「物」をどのようにとらえるか，それがどのように深まっていくかを示したものである。それでは，知的能力（認知・思考）の発達や感情・情動の発達をどのように理解すればいいのだろうか。

1　知的発達

知的能力（認知・思考）の発達について，ピアジェ（Piaget, J）は，抽象的思考に至るまでの知的能力の発達過程として，感覚運動期，前操作期，具体的操作期，形式的操作期と段階的に示している。

1) 感覚運動期と前操作期

感覚運動期とは，誕生から1歳半，2歳ころまでであり，周囲を見る・触るなど感覚で受けとめ，吸う・つかむなど運動的な働きかけにより認識していく段階である。言語を活用する行動は主ではなく，それに至る前段階と考えられている。

前操作期は，2歳ころから7，8歳ころまでであり，イメージやことば（前概念的）による思考が中心の段階である。次の段階で論理的操作が可能になるが，その前の段階であり，体験を前提した意味の理解であり，それゆえ「前概念」「前操作」とされる。

2) 具体的操作期と形式的操作期

具体的操作期とは，7，8歳ころから11，12歳ころまでであり，具体的に理解できる範囲での理論的な思考・推理が可能になる段階である。論理的な思考といっても具体的なものについてであり，抽象的な思考には限界がある。

形式的操作期は，11，12歳ころからそれ以降であり，具体的な経験を超えた仮説による論理的な思考，より抽象的な思考・推理が可能になる段階である。具体的には，天秤がどちらに傾くかについて，重さと重さの位置（支点からの距離）で判断できるようになる。

2 感情・情動の発達

乳児と大人がお互いに活動して，そこで生じる喜びを共有できるためには，自らの喜びを表出し，程よい程度に抑制する力が必要になる。このように大人と喜びを共有できるようになるまで，乳幼児はどのようにその感情・情動を発達させるのだろうか。また，どのように自らの情動を調整していくのだろうか。この感情・情動の発達の概要について表5-1に示す段階があると考えられる。

1）喚起・緊張と弛緩，基本的感情

感情・情動の発達としては，最初は喚起・緊張と弛緩の段階がある。生理的な反応が中心であるが，外界の変化や刺激によりもたらされる興奮や筋緊張，そして弛緩が，人の情動の発達の基盤にある。

次の段階は，「お腹がすいたら泣く」「泣くと，あやしてもあまり変わらない」などの行動に代表される恐れ，驚き等の基本的感情が核となる段階となる。内部や外界の変化に反射的に応じる行動が中心であるが，それでも泣くという行動も少しずつ大人からの働きかけで，泣き方に変化が見られ始める。しかしながら，大人の働きかけで情動を調整できるのは次の段階である。

表５-１　感情・情動の発達段階（徳永，2009b）

１．喚起・緊張と弛緩（誕生～１か月）
２．怒り・恐れ等の基本的感情（誕生～２か月）
３．落ち着いた覚醒の増加
外界の受けとめの調節・基本的感情の調整（１か月から６か月）
大人に援助されながらの情動の調整
４．やりとりの形成・安定と自己意識的感情の芽生え（６か月から12か月）
５．やりとりにおける意図や感情への気付きと共有（14か月～16か月）
＊これらの特徴は生涯にわたり続くものであり，月齢はその特徴が出現し始める時期を示す。

2）やりとりによる情動の調整

４か月ころになると，あやされると興奮や泣きがおさまるように行動を変えることが可能となり，目を覚まして落ち着いている状態が増加する。機嫌よく声を出し，大人に自発的に働きかけるようになる。「あやすと泣きが弱まる」「落ち着いて物を見る」「アーウーと発声する」など

の行動である。また，大人の働きかけに応じて笑うことや我慢しながら泣く行動が見られる。

次の段階は「やりとりの形成・安定と自己意識的感情の芽生え」の段階で，「声をかけてあやすと笑う」「我慢しようとしながら泣く」「欲しい物に手が届かないと泣く」などの行動である。情動の発達からすると，大人とのやりとりが安定してきて，そこで生起する情動を大人と共有できるようになる。さらに大人のまなざしを意識した「照れ」や「誇り」につながる自己意識的感情が芽生え始める。しかしながら，この自己意識的感情が確かなものになるのは，もう少し時間が必要な段階である。

発達的に基本的な構造が完成するのが，次の「やりとりにおける意図や感情への気付きと共有」の段階である。大人とのやりとりは安定していて，大人の意図や感情を理解したり，自らの気持ちを表現できたり，物事を適切にとらえられる段階と考えられる。

第4節　肢体不自由が発達に与える影響

肢体不自由のある児童生徒は，姿勢の保持や移動または物の操作などに難しさが伴う。この運動・動作の困難さは，その児童生徒の発達にどのような影響を与えるだろうか。

1　知的障害が重度な児童生徒

重複する障害が重度の知的障害である場合には，すべての発達がゆっくりしたものになる。教師との「つながり」や「やりとり」を基盤にしながら，授業を展開することが必要になる。人との関わり，物との関わりも，視線や手の動きも限定したものにならざるを得ない。場合によれば，ことばによるやりとりの形成は難しい場合もある。それでも身振りやサインなどによるやりとりが安定したものになるためには，共同注意を基盤とする三項関係の形成が一つの目標となる。

2　単一障害の児童生徒

姿勢の保持や移動または物の操作などに困難さがあると，運動発達には大きな影響がある。それに加えて，自発的に移動したり，物を操作したりする経験が少ないと，社会的関わりの基礎やコミュニケーション，認知発達を妨げる要因になる場合がある。

具体的には，描かれた対象物と背景の絵柄を区別することが困難な場合があり，心理学では「図―地知覚」の困難という。このように文字を書くなどの難しさの背景に，書字に関する空間認知の困難さによる場合がある。

さらに，友人と身体を動かして遊ぶ経験や屋外を探索する経験に制限があると，意欲をもって物事にチャレンジし，自分でやりきることの経験が少なくなる。一人で外出すること，電車に乗ることなど，計画的に援助しつつ，経験できる機会を準備することが大切になる。

学習課題

(1) 社会的関わりの基礎や知的機能，感情・情動など，さまざまな側面における発達とその課題をまとめてみよう。

(2) テキストに記載されている発達の様相をもとに，実際の乳幼児や学齢期の子供の行動を観察してみよう。

引用・参考文献

1） 大神英裕『発達障害の早期発見』(ミネルヴァ書房，2008)

2） 徳永豊『重度・重複障害児の対人相互交渉における共同注意』(慶應義塾大学出版会，2009a)

3） 徳永豊「人間関係・情動の理解と指導のポイント」，下山直人編『重複障害教育実践ハンドブック』(全国心身障害児福祉財団，2009b)

4） 守屋慶子「ヴィゴツキー，L．S．　ルリヤ，A．R．」，村井潤一編『発達の理論をきずく　別冊発達４』(ミネルヴァ書房，1986)

5） Dunham, P. & Moor, C. (1995) Current Themes in Reserch on Joint Attention. In C. Moore & P. J. Dunham (Eds.) Joint Attention:Its origins and role in development. Lawrence Erlbaum Associates. (大神英裕（監訳）『ジョイント・アテンション―心の起源とその発達を探る』ナカニシヤ出版，1999)

6） Baron-Cohen, S. (1995) The Eye Detection Detector (EDD) and the Shared Attention Mechanism (SAM): Two Cases for Evolutionary Psychology. In C. Moore & P. J. Dunham (Eds.) Joint Attention:Its origins and role in development. Lawrence Erlbaum Associates. (大神英裕（監訳）『ジョイント・アテンション―心の起源とその発達を探る』ナカニシヤ出版，1999)

6　肢体不自由児の心理
―障害特性を中心に―

川間健之介

《目標＆ポイント》 肢体不自由児の多くを占めている脳性まひ児には，肢体不自由に視知覚障害や知的障害等，さまざまな障害を伴うことが知られている。そこで，本章では，肢体不自由児の障害特性を中心に取り上げながら，肢体不自由児の心理・行動上の困難について考える。また，中途障害者の障害の受容と肢体不自由児者に対する態度について考える。
《キーワード》 視知覚，知能，パーソナリティー，態度，障害受容

第1節　視知覚

1　視覚の障害

ある肢体不自由特別支援学校で，視能訓練士が視機能検査を行ったところ，約70％の児童生徒に何らかの問題があることがわかった。特に，脳性まひ児の場合には，弱視・近視・乱視が，健常児よりも多いと言われている。もっとも多いのが内斜視で，時に外斜視も見られる。斜視があると，距離の感覚，階段の高さや縁石の感覚などが不十分になる。これらのほかに，脳性まひ児には，神経萎縮，白内障，色彩欠損，注視不全まひ，半盲症などを伴うことがある。

従来から，脳性まひ児のうち痙直型両まひがある場合には，視知覚認知に障害があることが知られている。例えば，図6‐1の立方体には，見え方は2通りあるが，一方の見方から他方に見方を切り替えられない

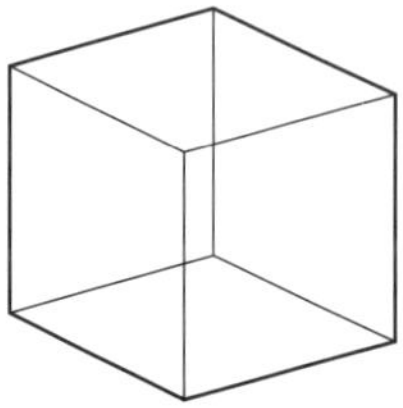

図6-1　立方体

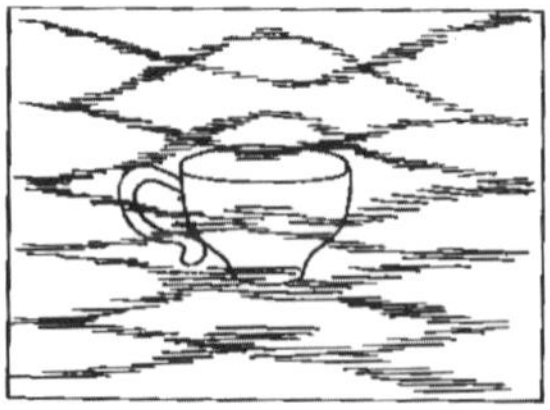

図6-2　図—地知覚

という知覚の固さがある。また，この図をなぞらせると，立方体の面に沿ってなぞるのではなく，平面図形として閉じた形をなぞるなど，空間的な知覚に困難を示すこともある。図6-2には，ティーカップが描いてあるが，それがこの図に描かれている斜線部分の妨害刺激のために，知覚できないという図—地知覚障害があることも知られている。

近年，こうした視知覚認知の障害の原因が，脳室周囲白質軟化症（PVL）と関係があることがわかってきた。PVLは，在胎32週未満の早産児で起こりやすく，早産児では脳室周囲の血管の発達が遅れており，脳血流の減少によって容易に脳組織の壊死（白質軟化）が生じる。この部分には，大脳皮質からの運動神経の経路である錐体路が通っており，特に，下肢と体幹への経路がある。このため，PVLが生じると，下肢のまひの強い痙直型両まひとなる。白質の軟化が近くの視放線に及んだ場合には，視知覚認知の障害が生じる。

2　知覚—運動の障害

知覚—運動障害についても，脳性まひ児においてよく研究されている。これは，例えば，ノートの枠の中に文字を書き入れるという作業に困難がある障害で，肢体不自由や視知覚レベルの問題とは考えられず，何らかの中枢性の障害を想定しないと説明できないものである。さらに，構成障害についての研究も，いくつか行われている。構成障害とは，視覚を通して空間的に再生する行為の困難のことであるが，これも肢体不自由や視知覚レベルの問題，さらには，視覚―運動協応の問題によるものは含まれない。構成障害は，通常，積木模様課題や図形模写における困難で，他の視知覚障害とともに，生活や学習場面での問題を指摘されることが多い。現在のところ，構成障害は，図形弁別などよりも高次の認知障害であると考えられている。

第2節　知能

1　知的障害

非脳損傷性の肢体不自由児の場合には，特に重度の肢体不自由であったり，乳幼児期に極端に望ましくない環境に置かれていたりしない限り，知能における問題はあまりない。しかし，脳性まひ等の脳損傷性の肢体不自由児の場合には，知的障害も併せ有することが多い。脳性まひの知的障害の原因は，肢体不自由を引き起こした脳損傷にあるが，肢体不自由があることや環境の不適切さが，二次的に知的発達を妨げることもある。研究者によって異なるが，脳性まひの知的障害の出現率は，1960年代に行われた諸調査では，おおよそ3分の2程度の脳性まひに知的障害があると推測されている。ただし，脳性まひの起因疾患が医学の進歩とともに変化してきていることから，現在の正確な出現率は不明である。

2　知能の特性

脳性まひ児の知能の特性については，1960年代からWISCを用いた研究が行われている。これらの研究では，特に，痙直型の場合には，上肢に障害がなくても，動作性知能が言語性知能より低く，下位検査では「組み合わせ」と「積木模様」の成績が低いことが報告されている。脳室周囲白質軟化症による痙直型両まひ児に対してWISC-Ⅳ知能検査を実施すると，四つの指標得点の傾向として，言語理解（VCI）：(類似・単語・理解・知識・語の推理）とワーキングメモリ（WMI）：(数唱・語音整列・算数）に比べて，知覚推理（PRI）：(積木模様・絵の概念・行列推理・絵の完成）と処理速度（PSI）：(符号・記号探し・絵の抹消)の得点が低くなる。特に知覚類推の下位検査である積木模様と絵の概念の成績が低くなる。部品を構成して，模様あるいは図を完成させるものであり，視知覚レベルの障害があるというだけでなく，より高次の認知能力の問題もあることを示していると言える。

第3節　パーソナリティー

過去の肢体不自由児のパーソナリティー研究では，彼らが劣等感を持ちやすい，依存的である，攻撃的である，不安傾向が強い，頑固であるなどの知見を得ているが，生活環境，保護者の養育態度，脳損傷の状態等の各人固有の要因を検討せずに，健常児との比較だけで，決めつけてはならない。肢体不自由という行動の制限が，発達の過程でさまざまな制限を及ぼし，望ましくない環境下での生活が長期に及ぶことで，先に述べた性格特性が促されてしまう場合があることは否定できない。特に，初期の研究では，不適切な親の養育態度が問題とされた。親が保護的，溺愛的養育態度をとれば，子供は独立心がなく，自己中心的で協調性がなく，忍耐力に欠け，無責任で依存心が強くなってしまうとされた。反対に，放任的，拒否的態度をとれば，反抗的，注意牽引，乱暴攻撃，神経症的傾向を示す子供になると言われた。多くの肢体不自由児の保護者の養育態度は，このような極端な結果をもたらすものではない。しかし，家庭での養育態度，特に，幼児期の過ごし方は，子供の社会性の発達に重要であるので，肢体不自由があることに十分に配慮した養育環境を整えることが必要である。

第4節　行動特性

脳性まひや外因性の知的障害など，中枢神経系の障害がある場合に観察される特徴的な行動特性が，これまでいくつか指摘されている。

1　転導性（distractibility）

必要かつ本質的な刺激に注意が集中できず，不必要な刺激に容易に注意が向くことを言う。例えば，教室での授業場面においては，教師の発する音声や視覚情報に注意を向けなくてはならないが，学習とは関連のない教室内外の不必要な感覚刺激に無選択的に反応する状態で，感覚性過活動とも言われる。

2　抑制困難（disinhibition）

周囲の刺激に対して，運動や行動を抑制することが困難なことを言う。手をじっとしていることができずに，教材を意味なくつぎつぎに触ったり，身体を後ろにのけぞらしたりするなど，たえず身体のどこかを動かしていたりする。運動性過活動とも言う。

3　固執性（perseveration）

われわれの生活においては，状況の変化に即応した行動が求められることが多い。固執性とは，状況の変化に速やかに対応することができず，ある事柄から別な事柄への転換，移行が難しいことを言う。

4　統合困難（dissociation）

事物を，まとまりのある全体として構成することが困難なことを言う。例えば，ジグソーパズルで，部分のつながりはわかるが，全体として完成できないことが多い。また，文章の読解では，文ごとや段落ごとの意味はわかっても，文章全体を通して要約することに困難を示すことが多い。

これらの行動の一部は，幼児にも多く観察されるが，加齢に伴って低減，消失する。しかし，脳性まひの児童生徒の中には，継続する場合がある。

第5節　障害受容

1　障害受容とは

中途障害者の場合に，特に考えなくてはならない問題が，障害の受容である。ほとんどの研究は成人を対象としたもので，子供を対象としたものはないので，この知見を子供にあてはめることは無理があるかもしれない。障害受容の定義にはさまざまなものがあるが，「障害の受容とはあきらめでも居直りでもなく，障害に対する価値観（感）の転換であり，障害をもつことが自己の全体としての人間的価値を低下させるものではないことの認識と体得を通じて，恥の意識や劣等感を克服し，積極的な生活態度に転ずること」（上田，1980）というものが，わが国ではもっとも定着している。

障害受容をめぐる理論には，Wrightの価値転換理論やステージ理論がある。価値転換理論では，心の苦しみを，「不幸（社会が価値なしと見なすこと）」があり，それを克服するには，本人が自らの価値観を変えなければならない（「価値の視野の拡大」「比較価値からそのものの価値へ」）と言う。また，価値観を変えれば社会の受け入れも良くなり，したがって，社会から負わされる苦しみも軽減すると言う。ステージ理論では，受傷後に共通に見られる心理的反応として，悲哀（愛する対象

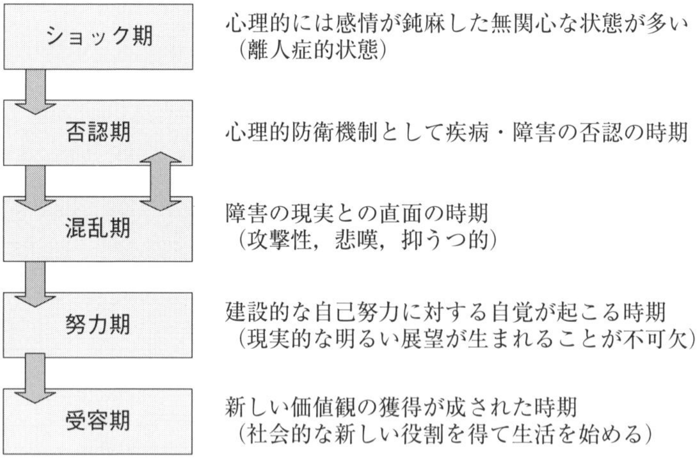

図 6 - 3　「障害受容の段階理論」（上田敏 1983）

を失うことで生じる感情）が導入され，同時に，その回復には一連の心理的段階（＝ステージ）があることが主張されている（図 6 - 3）。

2　自己受容と社会的受容

先に述べた価値転換理論やステージ理論，また，障害受容という表現に対しては，批判がある。障害受容は，援助者である健常者が，障害者に対して期待する事柄であり，障害当事者自らの体験とは異なるという意見もある。ステージ理論にしても，説明されるような一定の段階を経て障害を受容するものではないとも言われている。

南雲（2002）は，これらを踏まえて，障害受容という曖昧な概念を，自己受容と社会受容に分けて説明している（図 6 - 4）。受傷することによって，本人に苦しみがもたらされるが，それには，本人自身の苦しみと，他人から負わされる苦しみがある。本人自身の苦しみ，つまり，障害のために変化した身体的条件を心から受け入れることが，自己受容で

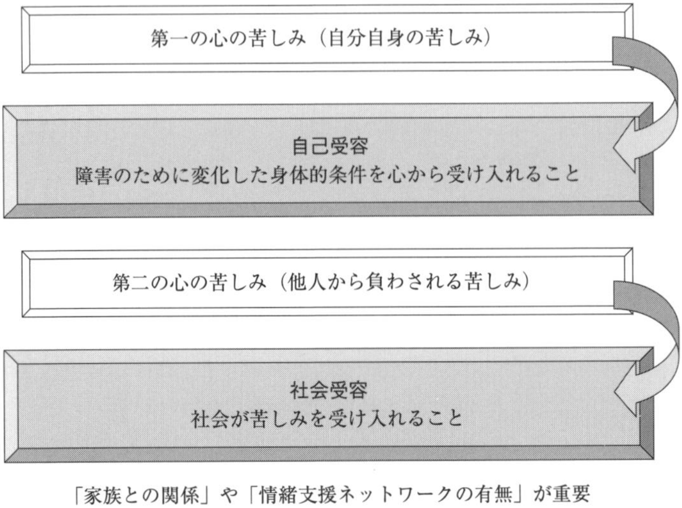

図 6 - 4　自己受容と社会受容（南雲直二 2002）

ある。一方，他人から負わされる苦しみは，本人ではなく，社会が受け入れることが必要で，それが社会受容である。過去の障害受容の諸理論では，他人から負わされる苦しみまでも，障害当事者に受け入れさせることを前提としていた点が問題である。

第 6 節　肢体不自由児者に対する態度

1　態度に及ぼす要因

社会が，障害者に対してどのような態度を示しているのかについて，1960 年代から多くの研究が行われてきた。1960 ～ 1970 年代の研究を概観すると，社会が障害者に示す態度は，非好意的であるとの結論を得ている研究がほとんどである。そして，その理由については，さまざまなことが考えられたが，既存のラベルや観念的な一般社会の見方が，固定化しているためという意見が多い。障害者個人を見ることなく，障害者というと，ラベルによって否定的なステレオタイプが優先されてしまうことが，多くの研究で示されてきた。また，これらの研究からは，次のようなことも見出されている。

① 高学歴で知識層と言われる人々でも，必ずしも障害者に対する知識・理解が進んでいるとは言えない。

② 宗教的関心が強い場合，一般的には障害者に対する関心が強いが，信仰する宗教の性格によっては，必ずしも一元的な割り切り方はできない。

③ 地域の中に障害者施設がすでにある場合，その地域住民は，一般に障害者に対して好意的であるが，あまり関わりのない人々の場合には，概ね好意的ではなく，特に，新たに施設や学校を造る場合には，反対することがある。

1980年代以降になると，障害者との接触経験と障害者に対する知識が，態度にどのような影響を及ぼすのかを検討した研究が増えた。障害者との接触経験のあるほうが，その態度は好意的であるとの結果を得ている研究が圧倒的に多い。しかしながら，何の変化もないという結果を得た研究や，この逆に，障害者との接触経験が，態度を非好意的にしてしまうという結果を得た研究も，かなりの数になる。このような結果の違いは，障害者との接触の質の違いが重要であることを示している。

2　態度の変容

障害者に対する態度を好転させ，理解を増すには，接触が直接的かつ計画的であることが条件であり，これと知識を適切に組み合わせることが必要であろう。このための具体的方法として，さまざまなものが検討されている。講義法，障害者による講演法，障害者への援助体験，障害シミュレーション，読書，教材作成，啓蒙活動参加，障害者との協同体験などがよく取り上げられる方法であり，それぞれの長所と短所についても考えられている。

特別支援学校と小学校，中学校，高等学校との交流及び共同学習においても，ただ漠然と障害のある児童生徒と障害のない児童生徒が同じ場所にいる状態ではなく，計画的に共同で学んでいくことで，態度が深まっていく。

学習課題

◆肢体不自由に随伴する障害にはどのようなものがあり，そのことによって，肢体不自由児にはどのような心理・行動上の困難が現れるかをまとめてみよう。

引用・参考文献

1） 川間健之介「障害をもつ人に対する態度：研究の現状と課題」（特殊教育学研究 34(2)，p.59-68，1996）
2） 川間健之介，西川公司編『改訂版　肢体不自由児の教育』（一般財団法人放送大学教育振興会，2014）
3） 南雲直二『社会受容―障害受容の本質』（荘道社，2002）
4） 上田　敏「障害の受容―その本質と諸段階について」（総合リハビリテーション，8，p.515-521，1980）
5） 上田　敏『リハビリテーションを考える』（青木書店，1983）

7　肢体不自由教育の教育課程

下山直人

《**目標＆ポイント**》 学校教育における教育課程編成の基本を理解するとともに，障害の多様な幼児児童生徒が在学している肢体不自由特別支援学校における教育課程編成の在り方を理解することを目標とする。また，小学校や中学校の肢体不自由特別支援学級等における教育課程編成の在り方についても，併せて学習する。

《**キーワード**》 教育課程，学校教育法施行規則，特別支援学校小学部・中学部学習指導要領，重複障害者等に関する教育課程の規定，小・中学校における教育課程編成

第1節　教育課程編成の基本

1　教育課程とは

「教育課程」という用語が公的に用いられたのは，昭和 26（1951）年改訂の学習指導要領である。第二次世界大戦前から戦後初期にかけては「教科課程」や「学科課程」という用語が用いられたが，教科や学科以外の教育内容も含む用語として「教育課程」が使われることになった。

学校において編成する教育課程については，特別支援学校小学部・中学部学習指導要領解説総則編において，「学校教育の目的や目標を達成するために，教育の内容を児童生徒の心身の発達に応じ，授業時数との関連において総合的に組織した各学校の教育計画である」と示されている。その際，「学校の教育目標の設定」，「教育内容の組織」及び「授業時数の配当」が教育課程の基本的な構成要素となる。

2　教育課程編成の原則

学校における教育課程編成の原則について，特別支援学校小学部・中学部学習指導要領には次のように示されている。

> 各学校においては，教育基本法及び学校教育法その他の法令並びにこの章以下に示すところに従い，児童又は生徒の人間として調和のとれた育成を目指し，児童又は生徒の障害の状態や特性及び心身の発達の段階等並びに学校や地域の実態を十分考慮して，適切な教育課程を編成するものとし，これらに掲げる目標を達成するよう教育を行うものとする。

1）教育課程編成の主体と教育課程の基準

「各学校において…適切な教育課程を編成する」と示されていることから明らかなように，教育課程編成の主体は各学校である。各学校において編成するということは，校長を責任者として，教職員の協力の下に教育課程を編成することを意味している。

各学校において編成する教育課程については，教育基本法及び学校教育法その他の法令に種々の規定がある。また，「この章以下に示すところ」とは，学習指導要領の総則，各教科の規定等を指している。学習指導要領は，全国的に一定の教育水準を確保するために国が設けている教育課程の基準である。「児童又は生徒の人間として調和のとれた育成」とは，知・徳・体のバランスのとれた人間を育てることであり，このことは学校教育の変わらない目的と言えよう。

2）児童生徒等の実態に基づいた編成

児童生徒の障害の状態や特性及び発達の段階は多様であり，その実態を踏まえることなしに教育を行うことはできない。また，学校の立地条件や地域の教育資源の状況，さらには学校の施設・設備，教職員の人数や専門性，教材の整備状況等を考慮することも教育計画を立てる上では重要なことである。各学校においては，児童生徒の実態はもちろんのこと，学校や地域の実態を考慮して教育課程を編成する必要がある。

「これらに掲げる目標」とは，教育基本法及び学校教育法等に掲げる目標を指している。各学校には，以上述べたような点を考慮して教育課程を編成し，法令等に掲げる目標の達成を目指して教育を行うことが求められている。

第２節　教育課程に関する法令等の規定

各学校において教育課程を編成する際に理解しておかなければならない法令等の規定について，本節と次節において整理する。

１　学校教育の目的や目標について

教育基本法には，教育の目的（第１条）や目標（第２条），義務教育の目的（第５条第２項）等が定められている。こうした規定を踏まえて，学校教育法には特別支援学校の目的（第 72 条）があり，この目的を実現するために特別支援学校小学部・中学部学習指導要領において，以下の教育目標の達成に努めなければならないことが定められている。

１　小学部においては，学校教育法第 30 条第１項に規定する小学校教育の目標
２　中学部においては，学校教育法第 46 条に規定する中学校教育の目標
３　小学部及び中学部を通じ，児童及び生徒の障害による学習上又は生活上の困難を改善・克服し自立を図るために必要な知識，技能，態度及び習慣を養うこと

特別支援学校の小学部及び中学部は，それぞれ小学校，中学校と同じ目標の達成に努めるとともに，障害による困難を改善・克服し自立を図ることを目指している。この目標の構成は，幼稚部，高等部においても変わらず，それぞれ幼稚園，高等学校の目標とともに障害による困難を改善・克服し自立を目指して教育を行うことが求められている。

2　教育内容について

1）教育課程を構成する各教科等

小学校の教育課程は，国語，社会，算数，理科，生活，音楽，図画工作，家庭，体育及び外国語の各教科，特別の教科である道徳（以下「道徳科」という），外国語活動，総合的な学習の時間，特別活動によって編成される（学校教育法施行規則第50条，図7 - 1上段）。肢体不自由特別支援学校の小学部の教育課程は，小学校の各教科等に自立活動を追加したもので編成される（学校教育法施行規則第126条第1項，図7 - 1下段）。各教科等の目標，内容及び指導上の留意点については，学習指導要領に定められている。ただし，肢体不自由特別支援学校の小学部で取り扱う各教科等は，小学校の各教科と同じものであるから，自立活動以外の教科の目標や内容については特別支援学校の学習指導要領ではなく，小学校学習指導要領を参照しなければならない。肢体不自由特別支援学校の中学部，高等部についても，中学校及び高等学校の各教科や科目等に自立活動を加えて教育課程を編成することになっている。

2）各教科等の取り扱いについて

学習指導要領には各教科等の取り扱いに関する種々の規定があるが，次の点は特に重要である。

小学校

各教科※1	特別の教科である道徳	外国語活動	総合的な学習の時間	特別活動

※1　各教科は，国語，社会，算数，理科，生活，音楽，図画工作，家庭，体育，外国語。

肢体不自由特別支援学校小学部

各教科※2	特別の教科である道徳	外国語活動	総合的な学習の時間	特別活動	自立活動※3

※2　各教科は，小学校と同じ。　※3　自立活動が追加。

図７-１　小学校と特別支援学校の教育課程を構成する各教科等

・学習指導要領に示された各教科，道徳科，外国語活動，特別活動及び自立活動の内容は，特に示す場合を除き，全ての学校で取り扱わなければならない。特に必要がある場合には，学習指導要領に示していない内容を加えて指導することができる。

・学習指導要領に示した各教科等の内容に掲げる事項の順序は，特に示す場合を除き指導の順序を示すものではないので，学校において取り扱いを工夫する。

３）授業時数について

授業時数については，学校教育法施行規則に小学校，中学校の年間の総授業時数と各教科等の年間授業時数の「標準」ついての規定がある（学校教育法施行規則別表第１及び第２）。例えば，小学校第４学年の年間の総授業時数は1,015時間，国語，算数の年間授業時数はそれぞれ245時間，175時間を標準にするよう定められている。この標準授業時数は，学習指導要領に示された目標及び内容を指導するために必要な時数の目安として定められている。したがって，児童生徒の負担過重にならない限りにおいて標準を上回ること，災害等の不測の事態により止むを得ず下回ることがあることを想定したものである。

特別支援学校の小学部及び中学部については，特別支援学校小学部・

中学部学習指導要領において，小学校，中学校の総授業時数に準ずること（同じくすること），一方，各教科の授業時数については各学校で適切に定めることが示されている。例えば，肢体不自由特別支援学校小学部第 4 学年の場合，総授業時数の標準は 1,015 時間で小学校と変わらないが，国語，算数の年間の授業時数は各学校で定めることができる。各教科等の授業時数を各学校で定めるとされているのは，特別支援学校には小学校の各教科や道徳科等のほかに自立活動の指導があるため，自立活動の授業時数を確保するためには，各教科や道徳科等の年間の授業時数を調整する必要があるからである。

以上のほか，各教科等の授業を年間 35 週以上にわたって計画すること，総合的な学習の時間や自立活動の授業時数の設定，授業の 1 単位時間などについての規定がある。肢体不自由特別支援学校の高等部については，卒業までに必要な単位数が高等学校と同じになっている。

第 3 節　重複障害者等に関する教育課程の規定

学習指導要領では各教科や道徳科等について，特に示す場合を除いて全ての児童生徒に指導すべきことが示されている。しかしながら，障害の状態によっては，小・中学校等の各教科等の目標や内容と同じことを取り扱うことができない場合がある。そこで，特別支援学校小学部・中学部学習指導要領には，障害の状態により学習が困難な場合の教育課程の取り扱いが規定されている。

1　障害の状態により特に必要がある場合

> (1)　各教科及び外国語活動の目標及び内容に関する事項の一部を取り扱わないことができること。

各教科や外国語活動の学習にあたって，児童生徒に生じる困難さに応じた手立てを講じても，なお学習が困難な場合，各教科の目標及び内容の一部を取り扱わないことができる。肢体不自由の児童生徒で，首に負荷をかけられないため，小学校「体育」の内容として示されている器械運動の一部を取り扱わないことなどが考えられる。

> ⑵　各教科の各学年の目標及び内容の一部又は全部を，当該各学年より前の各学年の目標及び内容の一部又は全部によって，替えることができること。また，道徳科の各学年の内容の一部又は全部を，当該各学年より前の学年の内容の一部又は全部によって，替えることができること。

児童生徒が在籍する学年の各教科の学習に困難がある場合，在籍する学年より前の学年の目標及び内容の一部または全部に替えることができるとするものである。また，道徳科については，目標は共通であるため，内容を前の学年のものによって替えることができる。

「当該学年より前の各学年」とは，小学部第5学年に在籍している児童の場合，小学部第4学年以下の学年を指す（「前の学年」を「下学年」と言うこともある）。例えば，小学部第2学年の児童が，第2学年の算数科で学習する「数と計算」において「加法の筆算」の習得に困難がある場合，その学習の基礎となる第1学年の「10の合成・分解」が未習得であれば，そこから指導するといった取り扱いができる。目標及び内容の全部を替えることもできるので，第2学年の算数を第1学年の算数に替えることも可能である。また，第3学年の「社会」「理科」の前の学年の教科は「生活」になる。

上記と同じ趣旨で，在籍している学年の学習が困難で，学習指導要領において当該学年以前に示されている目標及び内容を取り扱ってよいという規定は，ほかにも以下のものがある。

・小学部の外国語科に，外国語活動の目標及び内容の一部を取り入れることができる。中学部の外国語科（高等部の場合は外国語科に属する科目）に，小学部の外国語活動の目標及び内容の一部を取り入れることができる。

・中学部の各教科及び道徳科の目標及び内容を，相当する小学部の各教科及び道徳科の目標及び内容の一部又は全部によって替えることができる。この場合，中学部の「数学」に相当するのは小学部の「算数」,「美術」に相当するのは，小学部の「図画工作」になる。

・幼稚部教育要領に示す各領域のねらい及び内容の一部を取り入れることができる。

・高等部の各教科・科目（知的障害者である生徒に対する教育を行う特別支援学校においては各教科）の目標及び内容の一部を，相当する中学部又は小学部の各教科の目標及び内容に関する事項の一部によって替えることができる（この規定は，特別支援学校高等部学習指導要領による)。

2　重複障害の場合

重複障害者とは，原則的には，特別支援学校の対象となる程度の障害(学校教育法施行令第 22 条の 3 に規定）を複数併せ有する者を指す。具体的には，視覚障害，聴覚障害，知的障害，肢体不自由及び病弱のうち二つ以上を有する者である。しかし，特別支援学校学習指導要領解説総則編によれば，以下に示す規定の適用にあたっては，言語障害，自閉症，情緒障害を併せ有する場合も含めてよいとされている。

肢体不自由特別支援学校においては，肢体不自由のほかに知的障害や視覚障害等を併せ有する児童生徒が在籍する割合が高い。したがって，以下，１)，２）の規定を適用して教育課程を編成することが多くなっており，これらの規定を適切に理解することが大切である。

1）知的障害を併せ有する児童生徒の場合

> 視覚障害者，聴覚障害者，肢体不自由者又は病弱者である児童又は生徒に対する教育を行う特別支援学校に就学する児童又は生徒のうち，知的障害を併せ有する者については，各教科の目標及び内容に関する事項の一部又は全部を，当該各教科に相当する第２章第１節第２款若しくは第２節第２款に示す知的障害者である児童又は生徒に対する教育を行う特別支援学校の各教科の目標及び内容の一部又は全部によって，替えることができるものとする。・・以下略・・

肢体不自由特別支援学校に在籍する児童生徒は，原則的には小・中・高等学校と同じ各教科・科目等を学ぶ。しかし，肢体不自由と知的障害を併せ有する児童生徒については，知的障害特別支援学校の各教科の目標及び内容の一部又は全部に替えることができる。

例えば，小学部第２学年の「国語」の目標及び内容を知的障害特別支援学校の「国語」の第３段階の目標及び内容に替えることができる。また，知的障害特別支援学校において設けられていない小学部の外国語科や総合的な学習の時間，中学部の外国語科については設けないことができる。

2）重複障害者のうち，障害の状態により特に必要がある場合

> 重複障害者のうち，障害の状態により特に必要がある場合には，各教科，道徳科，外国語活動若しくは特別活動の目標及び内容に関する事項の一部又は各教科，外国語活動若しくは総合的な学習の時間に替えて，自立活動を主として指導を行うことができるものとする。

重複障害があり，なおかつ障害の状態により特に必要がある場合には，各教科，道徳科，外国語活動，特別活動の目標及び内容の一部を自立活動に替えることができる。また，各教科や外国語活動，総合的な学習の時間を自立活動に替えることもできる。このようにした場合，指導全体に占める自立活動が多くなり，自立活動を主とした指導となることが多い。

以上のほか，障害のため通学して教育を受けることが困難な児童生徒（訪問教育対象の児童生徒）については，ここまで述べてきた重複障害者等に関する教育課程の規定の全てを適用することができる。

3　授業に関する特例

特別支援学校については，各教科等を授業でどのように取り扱うかについても特別な規定がある。

1）各教科を合わせた授業（学校教育法施行規則第130条第1項）

> 特別支援学校の小学部，中学部又は高等部においては，特に必要がある場合は，第126条から第128条までに規定する各教科又は別表第3及び別表第5に定める各教科に属する科目の全部又は一部について，合わせて授業を行うことができる。

各教科や科目について，必要がある場合には合わせて授業を行うことができる。理科と社会を合わせて，環境について学んだり，音楽と体育を合わせてリズム表現を学んだりすることが考えられる。

2）各教科等を合わせた授業（学校教育法施行規則第130条第2項）

> 特別支援学校の小学部，中学部又は高等部においては，知的障害者である児童若しくは生徒又は複数の種類の障害を併せ有する児童

若しくは生徒を教育する場合において特に必要があるときは，各教科，特別の教科である道徳，外国語活動，特別活動及び自立活動の全部又は一部について，合わせて授業を行うことができる。

知的障害又は重複障害の児童生徒を教育する場合には，各教科や科目だけでなく，道徳科，外国語活動，特別活動及び自立活動の全部又は一部を合わせた授業（以下，「各教科等を合わせた授業」という）を行うことができる。この場合，各教科，道徳科，特別活動のそれぞれの目標及び内容を基にして指導計画等を作成するとともに，児童生徒一人一人の自立活動の指導と十分に関連を図る必要がある。各教科等を合わせた授業として，知的障害教育においては，「遊びの指導」「日常生活の指導」「生活単元学習」「作業学習」が行われてきている。

第 4 節　肢体不自由特別支援学校における教育課程編成

肢体不自由特別支援学校には，肢体不自由の児童生徒のほか，肢体不自由に知的障害等を併せ有する重複障害の児童生徒が在学している。肢体不自由の程度も知的障害の程度も共に重度である，いわゆる重度・重複障害と言われる児童生徒も少なくない。したがって，学校で教育課程を編成する場合には，これまで述べてきた重複障害者等に関する教育課程の規定等を十分に考慮した上で，児童生徒や学校の実態に応じた教育課程を編成することが重要である。

今日，多くの肢体不自由特別支援学校においては，児童生徒の障害や発達段階等を踏まえ，各教科等の構成や自立活動の取り扱いなどにより，いくつかの教育課程を編成している。以下，説明する。

1　小・中学校等の当該学年の各教科等による教育課程

この教育課程では，小学校，中学校，高等学校と同じ各教科・科目や道徳科等のほか，自立活動を加えて教育課程を編成する（図7-1下段）。各教科や道徳科等で取り扱う目標や内容は，通常，児童生徒の在籍する学年のものである。

目標や内容は，小・中学校等と同じものとなるが，指導にあたっては，肢体不自由のある児童生徒の特性に配慮することが大切である。特別支援学校小学部・中学部学習指導要領では，①「思考力，判断力，表現力等」の育成，②指導内容の設定等，③姿勢や認知の特性に応じた指導の工夫，④補助具や補助的手段，コンピュータ等の活用，⑤自立活動の時間における指導との関連，について指導上の留意点を挙げている。

2　小・中学校等の下学年等の各教科等による教育課程

この教育課程は，1と同様，小学校，中学校，高等学校と同じ各教科・科目等と自立活動によって編成されるが，主として各教科・科目で取り扱う目標及び内容は，児童生徒の在籍する学年より下学年のものである。児童生徒が在籍する学年の学習に困難があるため，第3節1の⑵の規定を適用し，児童生徒の学習の習得状況を考慮して，習得可能な学年（学部）の目標・内容から指導を行うものである。例えば，小学部第3学年に在籍している児童が，算数については第2学年のものを学習したり，中学部第1学年に在籍する生徒が小学部の外国語の学習をしたりする。

3　知的障害特別支援学校の各教科等による教育課程

この教育課程は，肢体不自由のほか知的障害を併せ有する児童生徒を対象に，知的障害特別支援学校の各教科を取り入れて編成される。例えば，肢体不自由特別支援学校小学部第４学年の各教科は，国語，社会，算数，理科，音楽，図画工作及び体育であるが，これらを知的障害特別支援学校の生活，国語，算数，音楽，図画工作及び体育に替えることができる。この場合，社会及び理科に相当するのは，知的障害特別支援学校の「生活」である。

この教育課程を採用する学校においては，知的障害特別支援学校で取り上げられている「生活単元学習」や「作業学習」等各教科等を合わせた指導が行われていることが多い。生活単元学習や作業学習等は，知的障害の児童生徒が，実際の場面に即しながら繰り返し学習することが効果的であることから取り上げられてきたものである。肢体不自由のある児童生徒に対して，知的障害特別支援学校で行っている方法を漫然と取り入れるのは適切ではない。一人一人の肢体不自由の特性を十分に考慮し，補助具や補助手段等を活用し適切な経験ができるよう工夫することが求められる。

4　自立活動を主とした教育課程の編成

この教育課程は，障害が重度でかつ重複している児童生徒を対象に，自立活動を主として編成されている。道徳科と特別活動については一部を，各教科，外国語活動，総合的な学習の時間については一部又は全部を自立活動に替えることができる。しかし，各教科等の指導については，取り扱うことが原則であることを忘れてはならず，自立活動に替えることについては慎重に検討する必要がある。

第５節　小・中学校等における教育課程編成

学校教育法には，特別支援学級に在籍する幼児児童生徒，そのほか教育上特別な支援を必要とする幼児児童生徒に，障害による学習上又は生活上の困難を克服するための教育を提供しなければならない（第 81 条第 1 項）ことが定められている。この規定により，特別支援学級に在籍する幼児児童生徒のみならず，通常学級に在籍する幼児児童生徒についても，適切な支援を提供しなければならないことが明確にされている。

1　通常学級の場合

肢体不自由のある児童生徒が通常の学級に在籍する場合には，他の児童生徒とともに小・中学校等の教育課程を履修することになる。一方，学校教育法第 81 条第 1 項の規定を受けて，小学校等の学習指導要領には，障害のある児童生徒の指導について，特別支援学校の助言や援助を活用して指導内容や指導方法の工夫を組織的・計画的に行うことが必要であり，個別の教育支援計画や個別の指導計画の作成と活用に努めることが定められている。

こうした規定を踏まえ，通常学級に肢体不自由の児童生徒が在籍する場合，肢体不自由等による学習上または生活上の困難さの状況を把握し，学校の教育課程を履修することができるよう，一人一人に応じた指導を計画し工夫することが求められる。

また，通級による指導においては，特別の教育課程を編成することができる（学校教育法施行規則第 140 条）。この場合，小学校及び中学校の学習指導要領において，自立活動の内容を参考として指導を行うことが定められている。したがって，小学校等で学ぶ各教科等の一部に自立活動の指導を充てることが可能である。例えば，水曜日の 6 校時の教科の時間に通級指導教室に行き，身体の動きを中心とした自立活動の指導を受けることができる。この場合，指導が効果的に行われるためには，児童生徒が所属している学級と通級による指導担当の教師間の連携が大切である。

2　特別支援学級の場合

特別支援学級においても，特別の教育課程を編成することができる(学校教育法施行規則第 138 条)。この場合，小学校及び中学校の学習指導要領に，自立活動を取り入れること，各教科の目標や内容を下学年の教科の目標や内容に替えたり，各教科を知的障害特別支援学校の各教科に替えたりして，児童生徒の実態に応じた教育課程にすることが定められている。また，個別の指導計画及び個別の教育支援計画の作成が義務付けられており，交流及び共同学習の機会を設けることも定められている。

以上のことを踏まえ，特別支援学級においては，在籍する児童生徒の肢体不自由等の状態，学習の習得状況，教員の配置や交流する学級の状況等を踏まえて教育課程を編成することが求められる。

学習課題

⑴ 肢体不自由特別支援学校の実際の教育課程をホームページなどで調べてみよう。

⑵ 特別支援学校小学部・中学部学習指導要領を読み，指導計画の作成等にあたって配慮すべき事項として，どのようなことが示されているか調べてみよう。

引用・参考文献

1） 川間健之介・西川公司編『改訂版　肢体不自由児の教育』（一般財団法人放送大学教育振興会，2014）
2） 文部科学省『特別支援学校小学部・中学部学習指導要領』，2017
3） 文部科学省『特別支援学校教育要領・学習指導要領解説総則編（幼稚部・小学部・中学部）』，2018
4） 文部科学省『特別支援学校学習指導要領解説各教科等編（小学部・中学部）』，2018
5） 文部科学省『小学校学習指導要領』，2017

8　自立活動の指導

下山直人

《目標＆ポイント》 肢体不自由特別支援学校の教育課程における自立活動の意義と自立活動の指導内容の取り扱いの基本を知るとともに，自立活動の個別の指導計画の作成と指導の在り方について考えることを目標とする。また，重複障害児に対する自立活動を主とした教育課程と，指導の在り方を確認する。
《キーワード》 自立活動の意義，自立活動の指導の特色，自立活動の内容と取り扱い，個別の指導計画，自立活動を主とした指導

第1節　自立活動の意義

1　教育課程上の位置付け

自立活動は，各教科や特別活動等と並んで特別支援学校に設けられた指導領域である。

特別支援学校教育の目的は，「視覚障害者，聴覚障害者，知的障害者，肢体不自由者又は病弱者に対して，幼稚園，小学校，中学校又は高等学校に準ずる教育を施すとともに，障害による学習上又は生活上の困難を克服し自立を図るために必要な知識技能を授ける」（学校教育法第72条）と規定されている。この前段に示されている「特別支援学校は，視覚障害者，聴覚障害者，知的障害者，肢体不自由者又は病弱者に対して，幼稚園，小学校，中学校又は高等学校に準ずる教育を施す」とは，特別支援学校において，幼稚園，小学校，中学校または高等学校と「同

じ」教育を行うことである。教育課程の観点から言えば，例えば小学校に準ずる教育は，小学校で取り扱う各教科，特別の教科である道徳（以下「道徳科」という），外国語活動，総合的な学習の時間及び特別活動の指導を，特別支援学校小学部でも行うことを意味する。

後段に示されている「障害による学習上又は生活上の困難を克服し自立を図るために必要な知識技能を授ける」とは，個々の児童生徒の障害による学習上または生活上の困難を主体的に改善・克服するための教育を行うことであり，小学校等にはない独自の目的である。小学校等にはない指導を行うためには，新たな指導が必要となり，そのために用意された指導領域が「自立活動」である。自立活動は，特別支援学校の教育において，教育課程上重要な位置を占めているのである。

2　小・中学校等における自立活動

小学校学習指導要領及び中学校学習指導要領では，特別支援学級において特別の教育課程を編成する場合に「自立活動を取り入れること」と示されている。特別支援学級において，小学校や中学校の各教科や道徳科等で十分な教育ができないときには，特別支援学校学習指導要領に示された自立活動を含む教育課程を編成することになる。したがって，特別支援学級を担当する教員は，自立活動の目標や内容，指導の進め方を知っておくことが求められる。

また，同指導要領には，通級による指導においても特別な教育課程を編成する場合には，「自立活動の内容を参考とし，具体的な目標や内容を定め，指導を行うものとする」と示されており，やはり担当教員には，自立活動の指導についての理解が求められる。なお，小学校や中学校の通常の学級に在籍し，通級による指導の対象とはならないが障害による困難の改善・克服を目的とした指導が必要となる児童生徒も存在する。こうした児童生徒の指導にあたっては，自立活動の目標や内容等を参考にして，適切な指導や必要な支援を行うことが期待されている。

第２節　自立活動の目標と内容

１　自立活動の目標

特別支援学校小学部・中学部学習指導要領には，自立活動の目標が次のように示されている。

> 個々の児童又は生徒が自立を目指し，障害による学習上又は生活上の困難を主体的に改善・克服するために必要な知識，技能，態度及び習慣を養い，もって心身の調和的発達の基盤を培う。

自立活動の指導によって目指しているところは，個々の児童生徒が自立を目指して障害による学習上または生活上の困難を主体的に改善・克服することであり，それにより心身の調和的発達の基盤を培うことが示されている。ここでいう「自立」とは，自己の力を可能な限り発揮し，よりよく生きていこうとすることである。

また，「障害による学習上又は生活上の困難を主体的に改善・克服する」とは，日常生活や学習場面等において，障害によって生ずるつまずきや困難を軽減しようとしたり，障害があることを受容したりすることを指している。そして，「調和的発達の基盤を培う」とは，一人一人の発達の遅れや不均衡を改善したり，発達の進んでいる側面を伸ばすことで遅れている側面の発達を促したりすることによって，全人的な発達を促進することを意味している。

2　自立活動の内容

特別支援学校小学部・中学部学習指導要領には，自立活動の「内容」が表８-１のように示されている。自立活動の内容は，人間としての基

表８-１　自立活動の内容

1　**健康の保持**
(1)　生活のリズムや生活習慣の形成に関すること。
(2)　病気の状態の理解と生活管理に関すること。
(3)　身体各部の状態の理解と養護に関すること。
(4)　障害の特性の理解と生活環境の調整に関すること。
(5)　健康状態の維持・改善に関すること。

2　**心理的な安定**
(1)　情緒の安定に関すること。
(2)　状況の理解と変化への対応に関すること。
(3)　障害による学習上又は生活上の困難を改善･克服する意欲に関すること。

3　**人間関係の形成**
(1)　他者とのかかわりの基礎に関すること。
(2)　他者の意図や感情の理解に関すること。
(3)　自己の理解と行動の調整に関すること。
(4)　集団への参加の基礎に関すること。

4　**環境の把握**
(1)　保有する感覚の活用に関すること。
(2)　感覚や認知の特性についての理解と対応に関すること。
(3)　感覚の補助及び代行手段の活用に関すること。
(4)　感覚を総合的に活用した周囲の状況についての把握と状況に応じた行動に関すること。
(5)　認知や行動の手掛かりとなる概念の形成に関すること。

5　**身体の動き**
(1)　姿勢と運動・動作の基本的技能に関すること。
(2)　姿勢保持と運動・動作の補助的手段の活用に関すること。
(3)　日常生活に必要な基本動作に関すること。
(4)　身体の移動能力に関すること。
(5)　作業に必要な動作と円滑な遂行に関すること。

6　**コミュニケーション**
(1)　コミュニケーションの基礎的能力に関すること。
(2)　言語の受容と表出に関すること。
(3)　言語の形成と活用に関すること。
(4)　コミュニケーション手段の選択と活用に関すること。
(5)　状況に応じたコミュニケーションに関すること。

本的な行動を遂行するために必要な要素と，障害による学習上または生活上の困難を改善・克服するために必要な要素で構成されている。それらの代表的な要素である 27 項目が，「健康の保持」，「心理的な安定」，「人間関係の形成」，「環境の把握」，「身体の動き」及び「コミュニケーション」の六つの区分に分類・整理されている。六つの区分の下にそれぞれ 3 ～ 5 項目が置かれている。

こうした大きな区分の下に幾つかの項目を設けるという内容の示し方については，自立活動の前身である「養護・訓練」が創設された当時から変わっていない。養護・訓練を創設した昭和 46（1971）年当時，養護・訓練の内容を示すにあたり，各学校で行われていた指導を分類・整理し，4 区分 12 項目が示された。その後，学習指導要領が改訂されるたびに見直しが行われて徐々に項目が増え，平成 29（2017）年の改訂で 6 区分 27 項目になっている。

3　指導内容の例

学習指導要領に示された内容は，大綱的に示されているため，その文言だけで具体的なイメージを持つことは難しい。内容を具体的に理解するためには，特別支援学校学習指導要領解説自立活動編が役に立つ。解説には，内容として示された 6 区分 27 項目を設定した観点や指導内容の例が示されている。ここでは，「健康の保持」の解説の一部を紹介しよう。

指導内容例は，全 27 項目について，障害種別や多くの病気を取り上げながら紹介されているので，障害による困難さを理解したり，指導内容を検討したりする際に参考になると思われる。

「1　健康の保持」では，生命を保持し，日常生活を行うために必要な健康状態の維持・改善を身体的な側面を中心として図る観点から内容を示している。

(1)　生活のリズムや生活習慣の形成に関すること

①　この項目について

「(1)　生活のリズムや生活習慣の形成に関すること」は，体温の調節，覚醒と睡眠など健康状態の維持・改善に必要な生活のリズムを身に付けること，食事や排泄などの生活習慣の形成，衣服の調節，室温の調節や換気，感染予防のための清潔の保持など健康な生活環境の形成を図ることを意味している。

②　具体的指導内容例と留意点

障害が重度で重複している幼児児童生徒であって，発達の遅れが著しいほど，このような観点からの指導を行う必要がある。このような幼児児童生徒には，覚醒と睡眠のリズムが不規則なことが多く，しかも，体力が弱かったり，食事の量や時間，排泄の時刻が不規則になったりする傾向が見られる。・・（略）・・

4　具体的指導内容の設定

障害による学習上または生活上の困難は，一人一人異なっており，当然のことながら指導内容は一人一人違ったものになる。したがって，学習指導要領等に示されている自立活動の「内容」は，各教科等のようにそのすべてを取り扱うものではなく，一人一人の実態に応じて必要な項目だけを選んで取り扱う。また，一人一人に設定される具体的な「指導内容」は，学習指導要領等に示されている「内容」から必要な項目を選定し，それらを相互に関連付けて設定されることを理解する必要がある。

例えば，前項で取り上げた覚醒と睡眠のリズムが不規則な児童に，生活リズムを整えるために「日中，目覚めた状態で過ごす」という指導の目標が考えられたとしよう。この目標を達成するためには，食事，排泄，睡眠などを規則正しくするとともに，日中の活動を計画する際に，視覚や聴覚等の保有する感覚を活用したり，覚醒している間の姿勢を工夫したり，コミュニケーションのとり方を工夫したりすることが考えられる。そこで，「1　健康の保持」の区分に示されている項目と「4　環境の把握」「5　身体の動き」「6　コミュニケーション」の区分に示されている項目を組み合わせて，具体的な指導内容を設定することが求められる。その児童が興味を持ちやすい活動，活動が活性化しやすい姿勢や座位を保持する装置の工夫，児童が受け止めやすい話しかけ方等を考慮して具体的な指導内容を検討するのである。つまり，具体的な指導内容を考える際には，児童生徒の実態を踏まえて，自立活動の「内容」に示されるさまざまな項目を参考にして，指導の効果が上がるよう指導内容を工夫することが大切なのである。

第３節　自立活動の指導の進め方

1　個別の指導計画の作成

自立活動の個別の指導計画の作成について，特別支援学校小学部・中学部学習指導要領には次のような規定がある。

> 自立活動の指導に当たっては，個々の児童又は生徒の障害の状態や特性及び心身の発達の段階等の的確な把握に基づき，指導すべき課題を明確にすることによって，指導目標及び指導内容を設定し，個別の指導計画を作成するものとする。・・（以下略）・・

ここには，個々の児童生徒について，個別の指導計画を作成する手順が明確に示されている。手順を改めて抜き出すと次のようになる。なお，「障害の状態や特性及び心身の発達の段階等の的確な把握」は，「実態把握」とも言われるので，以下この用語を用いる。

① 実態把握

② 指導すべき課題の明確化

③ 指導目標及び指導内容の設定

自立活動には，各教科のような教科書は存在しない。一人一人の障害による学習上または生活上の困難さは異なっており，その改善・克服を目指す指導も一人一人異なるものとなる。では，自立活動の指導に携わる教師は，指導をどのように進めたらよいのだろうか。これを示すため，学習指導要領においては，指導に取り組む最低限の手順が規定され，具体的な取り組み例が特別支援学校学習指導要領解説自立活動編に示されている。次に，その手順を取り上げる。

2　個別の指導計画の作成手順（この項の①，②等は図 8 - 1 参照）

図 8 - 1 は，特別支援学校学習指導要領解説自立活動編に示されている，実態把握から具体的な指導内容を設定するまでの流れの例である。同解説には，この様式を用いた流れ図例が障害種別ごとに掲載されており，指導計画作成にあたって参考となる。

ここでは，図 8 - 1 に即して，事例を挙げながら個別の指導計画の作成手順を説明する。事例は，上肢にまひがあり文字を書くことや絵を描くことに困難がある，肢体不自由特別支援学校小学部の第 3 学年に在籍する児童Aとする。

1）　実態把握

実態把握は二つの過程に分かれる。一つは，障害の状態や特性等につ

実態把握
① 障害の状態，発達や経験の程度，興味・関心，学習や生活の中で見られる長所やよさ，課題等について情報収集
②－1 収集した情報（①）を自立活動の区分に即して整理する段階
健康の保持
心理的な安定
人間関係の形成
環境の把握
身体の動き
コミュニケーション
②－2 収集した情報（①）を学習上又は生活上の困難や，これまでの学習状況の視点から整理する段階
②－3収集した情報（①）を○○年後の姿の観点から整理する段階
指導すべき課題の整理
③ ①をもとに②－1，②－2，②－3で整理した情報から課題を抽出する段階
④ ③で整理した課題同士がどのように関連しているかを整理し，中心的な課題を導き出す段階
課題同士の関係を整理する中で今指導すべき目標として
⑤ ④に基づき設定した指導目標を記す段階
指導目標（ねらい）を達成するために必要な項目の選定
⑥ ⑤を達成するために必要な項目を選定する段階
健康の保持
心理的な安定
人間関係の形成
環境の把握
身体の動き
コミュニケーション
項目間の関連付け
⑦ 項目と項目を関連付ける際のポイント
選定した項目を関連付けて具体的な指導内容を設定
⑧ 具体的な指導内容を設定する段階

図８-１　実態把握から具体的な指導内容を設定するまでの流れの例（流れ図）
（特別支援学校学習指導要領解説自立活動編より引用，一部改編）

いて幅広く情報を収集する段階（①）である。ここでは，できないことだけでなくできることにも着目することが大切である。Aは上肢にまひがあり，文字を書くことが苦手であり，特に板書をノートにとることに時間がかかった。学年が上がり，学習内容が難しくなるにつれ学習の遅れが目立ってきた。学習場面で質問されると，自信なさそうに答えることが増えた。一方，パソコンでゲームや描画をすることには意欲的に取り組む様子が見られた。

実態把握の第2段階は，収集した情報を整理する段階である。解説では，三つの観点が例示されている。自立活動の区分に即した整理（②-1），学習上または生活上の困難さの視点からの整理（②-2），○○年後の姿の視点からの整理（②-3）の三つである。こうした多面的な観点から整理することにより，困難さの背景や要因を探り，指導すべき課題を浮かび上がらせることが可能となる。Aについては，自立活動の6区分に即して実態を整理した結果，上肢のまひのほか，座位の姿勢が悪く筆記に影響している（「5　身体の動き」に関すること）こと，また，文字の認識にも課題がある（「4　環境の把握」に関すること）ことがわかった。また，3年後の視点から考えたとき，書くことの困難さから，学習したことが定着しにくくなり，今後の学習に大きく影響することが予想された。

2）指導すべき課題の整理

指導すべき課題を整理するために，まず，指導開始時点で課題となることを抽出する（③）。次に，③を整理して中心的な課題を導き出す（④）。

Aについては，指導開始時点で，補助具等を用いて筆記の改善を図る，見にくさを改善するため座位姿勢を良くする，文字や図形の認知力を向上させる，パソコン等を筆記に用いることなどを指導すべき課題と考えた。これらの課題への対応を試行するうち，補助具等を用いた筆記では，学習進度に追い付かず，児童の学習に対する意欲も減退しがちであった。一方，教師が，筆記する箇所を絞ったワークシートを作り，Ａがパソコンでワークシートに入力する方法を試すと，実用的であり学習意欲も増すことがわかってきた。そこで，当面の指導すべき課題として，「パソコンを使って各教科の学習に参加する」とした。各教科の授業では，ワークシートに入力をする時間を設定すれば，教師の話や質問にも集中できると予想された。また，座位姿勢の改善については補助具で対応し，文字や図形については教師が認知の手がかりとなるものを与えるなど，他の課題についてはＡの負担の軽減を図ることにした。

3）指導目標の設定

指導目標は，学年等の長期的な目標とともに，当面の短期的な目標を定めることが自立活動の指導の効果を高めるために大切である（⑤）。Ａについては，１年後の目標として，「各教科の授業で板書された事項をパソコンに入力できる」とし，当面は「各教科の授業のワークシートに入力できる」とした。

4）具体的な指導内容の設定

具体的な指導内容の設定にあたっては，まず，自立活動の内容６区分27項目から必要な項目を選定する（⑥）。その後，選定した項目同士を関連付けて具体的な指導内容を設定する（⑧）。

Ａには，パソコン操作ができるようになるとともに，障害による困難の改善に向けた意欲の向上を期待し，身体の動きの「(2) 姿勢保持と運動・動作の補助的手段の活用に関すること」と心理的な安定の「(3) 障害による学習上または生活上の困難を改善・克服する意欲に関すること」を選定し，これらを関連付け「パソコンの基本操作を知り，授業で活用する」を具体的な指導内容として設定した。また，自分の見え方についてはその特徴を理解し，見えやすくなるように行動してほしいと考えた。そこで，環境の把握の「(2) 感覚や認知の特性についての理解と対応に関すること」とコミュニケーションの「(5) 状況に応じたコミュニケーションに関すること」を選定し，これらを関連付けて，「自分の見え方の特徴がわかり，見やすいよう行動する」を具体的な指導内容として設定した。

3 自立活動の評価と指導の改善

個別の指導計画に基づいて行われた指導については，適切な評価の下に改善を図ることが大切である。どのような指導においても，学習の評価に基づいて指導の改善を図っていかなければならないことに変わりはないが，自立活動の場合には，指導の目標や指導内容についても個別に設定されていることから，指導の効果を評価するだけでなく，計画の妥当性についても詳細な検討を行う必要がある。その際，指導の効果を適切かつ多面的に判断するため，自立活動の指導の担当者だけでなく，各教科等の指導に関わっている教師間の協力の下に評価を行うとともに，必要に応じて，外部の専門家や保護者等との連携を図っていくことが大切である。

第4節 自立活動を主とした指導

1 自立活動を主とした指導

近年，肢体不自由特別支援学校には，障害が重度でかつ重複している児童生徒が多数在籍している。自発的な動きが乏しく，呼吸や栄養摂取など生命維持に課題を抱える者も少なくない。こうした児童生徒は，一人一人の障害の状態が極めて多様であり，発達の諸側面にも不均衡が大きい。そのため，指導においては，心身の発達の基盤を培うことをねらいとした指導が特に必要となる。こうしたねらいに即した指導は，主として自立活動において行われ，それがこのような児童生徒にとって重要な意義を有していることから，自立活動を主として指導を行うことが認められている。

特別支援学校小学部・中学部学習指導要領の総則には，「重複障害者のうち，障害の状態により特に必要がある場合には，各教科，道徳科，外国語活動若しくは特別活動の目標及び内容に関する事項の一部又は各教科，外国語活動若しくは総合的な学習の時間に替えて，自立活動を主として指導を行うことができるものとする」と規定されている。

2　自立活動を主とした教育課程

自立活動を主とした指導では，どのような教育課程が編成できるのだろうか。一例を示したものが図８-２である。学習指導要領の規定では，各教科，外国語活動，総合的な学習の時間については，その全部を自立活動に替えることができる。一方，道徳科と特別活動については全部を

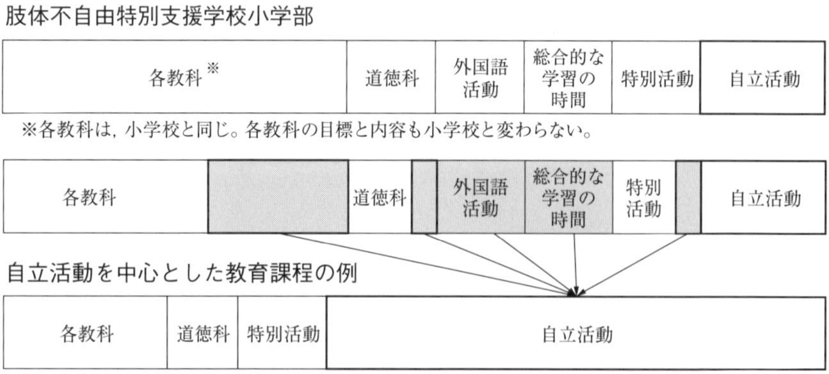

（説明）各教科，道徳科，特別活動の一部，外国語活動及び総合的な学習の時間の全部を自立活動に替えた例。

図８-２　特別支援学校小学部の基本的な教育課程と自立活動を主とした教育課程の例

替えることができない点に留意する必要がある。ただし，各教科等は指導することが原則になっていることを忘れてはならない。

3　自立活動を主とした指導の展開

自立活動を主とした指導を行う際には，各教科等の指導について十分検討するほか，次の点に留意する必要がある。

まず，教師間の連携や専門家の指導・助言を得ることが大切である。自立活動を主とした指導の対象となる児童生徒は，二つ以上の障害を有し，かつそれぞれの障害が重度であることが多い。そうした児童生徒の実態を的確に把握し，必要な指導を検討することは簡単なことではない。校内にいるさまざまな知識や経験を有する教師が協力するとともに，外部の専門家等と連携しながら指導を検討する必要がある。

次に，基本的な指導内容の設定に重点を置く必要がある。特別支援学校小学部・中学部学習指導要領には，自立活動を主とした指導について「全人的な発達を促すために必要な基本的な指導内容を，個々の児童又は生徒の実態に応じて設定し，系統的な指導が展開できるようにする」と示されている。

自立活動の内容は，「健康の保持」「人間関係の形成」など6区分に分かれているが，自立活動を主とした指導といっても，区分ごとに指導するものではない。健康の保持に関わる運動をしていても，そこには人間関係の要素も環境の把握の要素もコミュニケーションの要素もある。児童生徒の実態に即して必要となる基本的な内容に含まれるさまざまな要素に目を向け，その指導内容が発展していくようにする必要がある。例えば，児童が好む関わりを繰り返し行う中で，身近な人の存在への気付きから始まり，相手と安心できる関係を築きながら，人と関わることの楽しさを知り，身近な教師への要求が引き出され，周囲の教師とのやりとりなど相互関係に発展していくような指導が考えられる。

学習課題

◆「特別支援学校学習指導要領解説　自立活動編」(幼稚部・小学部・中学部・高等部) を読み，肢体不自由児に対する自立活動の指導における具体的な指導内容例と留意点や，他の項目との関連例について，どのようなことが示されているか調べてみよう。

引用・参考文献

1）川間健之介・西川公司編『改訂版　肢体不自由児の教育』(一般財団法人放送大学教育振興会，2014)
2）文部科学省『特別支援学校小学部・中学部学習指導要領』，2017
3）文部科学省『特別支援学校教育要領・学習指導要領解説自立活動編』，2018
4）文部科学省『特別支援学校学習指導要領解説各教科等編（小学部・中学部)』，2018

9　身体の動きの指導

川間健之介

《目標＆ポイント》 肢体不自由児の指導においては，身体の動きに対する指導が重要である。そこで，本章では，自立活動における身体の動きの指導内容と指導の進め方について学習する。そして，学校における各授業においては，その授業に適した姿勢（ポジショニング）が重要であり，そのことによって，能動的な視覚探索と主体的な上肢の使用が可能となることを知る。
《キーワード》 自立活動，身体の動き，ポジショニング

第1節　自立活動における身体の動きの指導

自立活動における身体の動きの指導は，日常生活や作業に必要な基本動作を習得し，生活の中で適切な身体の動きができるようにすることが目標となる。ここでは，特別支援学校小学部・中学部学習指導要領（平成29〈2017〉年4月告示）の7章自立活動第2内容の「5身体の動き」に示された5つの項目について見ていく。

1　姿勢と運動・動作の基本的技能に関すること

これは，日常生活に必要な動作の基本となる姿勢保持や，上肢・下肢の運動・動作の改善及び習得，関節の拘縮や変形の予防，筋力の維持・強化を図ることなどの，基本的技能に関することを意味している。

障害によって身体の動きに困難のある幼児児童生徒は，基本動作が未

習得であったり，誤って習得していたりするために，生活動作や作業動作を十分に行うことができない。そこで，日常生活に必要な動作の基本となる姿勢保持や上肢・下肢の運動・動作の改善及び習得，関節の拘縮や変形の予防，筋力の維持・強化を図ることなどの基本的技能の学習を行う必要がある。知的障害を伴っている幼児児童生徒の中には，知的発達の程度等に比較して，身体の部位を適切に動かしたり，指示を聞いて姿勢を変えたりすることが困難な者がいる。このような者に対しては，より基本的な動きの指導から始め，徐々に複雑な動きを指導することが考えられる。そして，しだいに，目的の動きに近付けていくことにより，必要な運動・動作が，幼児児童生徒に確実に身に付くように指導することが重要である。

2　姿勢保持と運動・動作の補助的手段の活用に関すること

これは，姿勢の保持や各種の運動・動作が困難な場合，さまざまな補助用具等の補助的手段を活用して，これらができるようにすることを意味している。

姿勢保持や基本動作の改善及び習得を促進し，日常生活動作や作業動作の遂行を補うためには，幼児児童生徒の運動・動作の状態に応じて，いろいろな補助的手段を活用する必要がある。補助用具には，座位姿勢安定のためのいす，作業能率向上のための机，移動のためのつえや歩行器及び車いす等がある。このほか，よく用いられる例としては，持ちやすいように握りを太くしたり，ベルトを取り付けたりしたスプーンや鉛筆，食器やノートを机上に固定する装置，着脱しやすいようにデザインされた衣服，手すりなどを取り付けた便器などがある。また，表現活動を豊かにするために，コンピュータの入力動作を助けるための補助用具も重要なものである。幼児児童生徒が補助用具を必要とする場合には，用途や目的に応じて適切な用具を選び，十分使いこなせるように指導する必要がある。なお，つえ，車いす，座位保持いす等の活用にあたっては，必要に応じて，専門の医師及びその他の専門家の協力や助言を得ることが大切である。

障害が重度で重複している幼児児童生徒は，自分で自由に姿勢を変えたり，座位や立位を保持したりすることが困難なことが多い。寝たきりの状態が続くことは，筋や骨格，内臓等の発達の上でも望ましくないことから，補助用具を活用するなどして，いろいろな姿勢をとることが大切になる。座位をとることが可能ならば，骨盤を安定させるための装置や体幹を支えるためのベルトなどが付いたいすを活用すると効果的である。しかし，単にいすを用意してベルト等を装着するだけで良いわけではなく，頭を上げる，背筋を伸ばすなど，自分の身体を操作して座位を保つことを指導しなければならない。また，身体を起こした状態を維持するためには，積極的に見ようとしたり，触ろうとしたりすることが必要である。そこで，幼児児童生徒が，視覚や触覚などを積極的に活用するように，教材・教具や環境の設定を工夫することが大切である。

3　日常生活に必要な基本動作に関すること

これは，食事，排泄，衣服の着脱，洗面，入浴などの身辺処理及び書字，描画等の学習のための動作などの基本動作を，身に付けることができるようにすることを意味している。

日常生活に必要な基本動作を身に付けることは，幼児児童生徒の自立にとって，極めて重要なことである。これらを身に付けるには，姿勢保持，移動，上肢の諸動作といった基本動作が習得されていることが必要であり，座位や立位を保持しながら，上肢を十分に動かすことができることがその基礎になる。つまり，①安定した座位を確保しながら，両腕を体の前へ伸ばすことができること，②身体の正面で両手を合わせることができ，指を握ったり開いたりすることができること，③身体のほとんどの部位へ指先が届くこと，④手の動きを目で追うこと，というような動作が可能であれば，さらに，次の段階の指導を工夫することによって，日常生活の諸動作の多くを行うことができるようになる。その上で，これらの動作を，実際の日常生活で使うことができるところまで習慣化していくことが大切である。

知的障害を伴う幼児児童生徒の中には，知的発達の程度等に比較して，肢体不自由の状態はそれほど重度でなくても，細かな手指の動作が困難であり，衣服の着脱や食事などが困難な場合がある。こうした幼児児童生徒には，使いやすい用具等を用いながら，手元をよく見るように指導するが，その際，注意が他のことに向いてしまって，衣服の着脱等に気持ちを集中させて取り組むことが難しいことも多い。そのため，集中して取り組むことができるように，環境を整えて情緒の安定を図ったり，注目させたい部分を視覚でとらえやすいように色を変えたりするなどの工夫が大切になる。

4　身体の移動能力に関すること

これは，自力での身体移動や歩行，歩行器や車いすによる移動など，日常生活に必要な移動能力の向上を図ることを意味している。移動とは，自分で自分の身体を動かし，目的の場所まで行くことで，興味・関心を広げる上でも重要な手段であり，自立するために必要な動作の一つである。一般に，首のすわりから始まって，寝返りから座位へと続く，いわゆる初期の運動・動作の発達の到達点が歩行である。

運動・動作が極めて困難な幼児児童生徒の場合には，寝返りや腹這いによる移動だけでなく，それらも含めた基本動作すべての改善及び習得を目指す必要がある。したがって，姿勢保持や上下肢の基本動作などの指導経過を踏まえて，幼児児童生徒に適した移動の方法を選択することが大切になる。

障害の状態や発達の段階によっては，学校外での移動や，交通機関の利用の際に，一人での移動が困難な場合がある。そこで，このような社会的な場面における移動能力を総合的に把握し，実際の場面で有効に生かされるよう指導することが大切になる。肢体不自由のある幼児児童生徒が，目的地まで一人で移動できるようになるためには，移動能力のほか，さまざまな能力を身に付ける必要がある。例えば，車いすの操作に慣れるとともに，目的地まで車いすを操作し続けるための体力がなければならない。それに加えて，目的地までの距離や段差の状況などを調べ，自分の車いすを操作する力を考慮して，一人で行けるかどうかを判断し，一人で行くことが難しい場合には，援助者を捜して依頼することが必要になる。また，実際に外出した際には，途中で通行人に道を尋ねたり，路上にある障害物を取り除いてもらったりする必要もある。そのため，周囲にいる人に質問をしたり，依頼をしたりするコミュニケーションについても，習熟しておくことが大切になる。

5　作業に必要な動作と円滑な遂行に関すること

これは，作業に必要な基本動作を習得し，その巧緻性や持続性の向上を図るとともに，作業を円滑に遂行する能力を高めることを意味している。

作業に必要な基本動作を習得するためには，姿勢保持と上肢の基本動作の習得が前提として必要である。つまり，自分一人で，あるいは補助的手段を活用して座位保持ができ，机上で上肢を曲げたり伸ばしたり，物を握ったり放したりするなどの動作ができなければならない。また，作業を円滑に遂行する能力を高めるためには，両手の協応や目と手の協応の上に，正確さや速さ，持続性などの向上が必要である。さらに，その正確さと速さを維持し，条件が変わっても持続して作業を行うことができるようにする必要がある。

肢体不自由がある児童生徒に対しては，室内ゲームや戸外のスポーツの種目を通して，粗大運動での機敏さや持続性の向上を図ったり，各種の作品を制作する活動を通して，微細運動での正確さや速さの向上を促したり，単純な作業やゲームなどを繰り返して行うことを通して，速さや持続性を養ったりすることが考えられる。

第2節　身体の動きの指導に参考となる考え方

1　医学的アプローチ

肢体不自由教育は，欧米においても日本においても，医療の進歩に伴って発展してきた。そのため，さまざまな分野の学問的発展のうち，医学の影響をもっとも受けている。脳性まひに対するアプローチは，身体運動の改善を目的とするだけでなく，教育的側面をも内容とする考えに立つものが多い。古くは，1930年代のW. M. Phelpsまでさかのぼる。そこでは，15の治療手技が示され，抗重力姿勢下でのバランス反応，感覚—運動パターン学習も積極的に実施され，さらに食事，更衣，排泄，書字など，現在の特別支援学校においても教育内容となっている日常生活諸動作の訓練が強調され，知的・身体的及び社会的発達の観点からもアプローチが必要とされている。

高木憲次は，ドイツのクリュッペルハイムに影響を受けたが，障害児に対する精神的擁護の在り方には多大の疑問を感じていた。彼は，肢体不自由児の療育について「療育とは現代の科学を総動員して不自由な肢体を出来るだけ克服し，それによって幸いにも恢復したら“肢体の復活能力”そのものを（残存能力ではない）出来る丈け有効に活用させて，以て自活の途の立つように育成することである」と定義している。この考え方は，日本の肢体不自由教育の考え方でもあった。高木の方法は，克服法と言われるが，克服意欲の誘発，克服指導，克服の努力（自己鍛錬）からなる。運動療法にも具体的な方法を詳述しているが，実践的な行動療法とも言える。運動学等医学的に立脚した方法というよりも，むしろ，心理学を応用したものと言えよう。

当初，脳性まひに対する医学的アプローチは，整形外科学，運動学に基盤を置くものがほとんどであったが，1960 年代から神経生理学的に立脚するものが増えてくる。これらには，H. Kabat, M. S. Rood, V. Vojita, K. & B. Bobath，上田法などのアプローチがある。このほか，医学的アプローチには多くのものがあり，つねに研究開発されている。現在，医学的アプローチは，神経生理学アプローチを中心とする理学療法，手術，装具療法，作業療法，言語療法など，多面的に展開されていると言えよう。

2　心理・教育的アプローチ

心理学・教育学的側面からの肢体不自由という状態に対するアプローチとしては，成瀬悟策が中心となって開発し，1970 年代から肢体不自由養護学校を中心に発展してきた動作法がある。動作は，意図—努力—身体運動からなる心理過程であり，動作することは，単なる身体運動ではなく，同時に心の活動，体験の仕方，主体の生き抜く努力などが動作を支えており，体験の仕方の変化なしには動作の変化は起きないとした。また，アメリカの L. Bidabe が開発した，教育を通して動きの機会を保証しようという教育プログラムである MOVE（mobility opportunities via education）も，近年，日本においても実践されている。このほか，

A. J. Ayersの方法や，静的弛緩誘導法などもある。

注意しなくてはならないのが，これらのアプローチを，自立活動の指導として行うのではないという点である。これらのアプローチは，医療の場や独自の療育場面で展開されており，固有のプログラムを持っている。学校における自立活動の指導は，これらのアプローチを研修した教師が中心となって，児童生徒一人一人の実態把握に基づいて，個別の指導計画を作成して行うものである。

第3節　自立活動における時間の指導の例

表9-1は，自立活動の時間の指導における例である。この表の児童の実態では，主として車いすを使用しているが，上肢の操作性が困難なところから，電動車いすの使用が実用的であることがわかる。そのため，身体各部のリラクセーションと上肢の操作性の向上，電動車いす操作の練習が計画されている。

従来の自立活動の時間の指導では，身体のリラクセーションや基本動作の習得に重きが置かれていたが，近年では，社会参加に関わる目標が立てられることが多い。この事例でも，自分だけで学校の中を自由に移動することや，近くのコンビニエンスストアで買い物をすることが，本人や保護者の要望となっており，自立活動の時間の指導では，電動車いすの操作が内容となっている。

第4節　授業における姿勢の援助

1　ポジショニング

運動障害が重度な脳性まひ児の場合には，異常姿勢が顕著であり，不適切な姿勢をとり続けると，運動・動作面はもちろん，呼吸や食物摂取，さらには，認知機能などの心理発達面にも，ネガティブな影響が生

表9-1　平成20（2008）年度　個別の指導計画「自立活動」

学部	学年	氏名	作成者	作成年月日
小学部	5			平成20年5月1日

児童の実態	痙直型四肢まひ。GMFCSレベルⅣ，MACSレベルⅣ。 ・肩，首まわりの緊張が強い。左右両方とも，肩甲骨部の内転，前腕回内，手関節屈曲で，手掌は握り締めたようになっている。特に，左側の緊張が強い。 ・胸郭部は全体的に固く，屈傾向。腰の上は過伸展気味。両股関節は，弛緩しても120度くらいで，両膝関節も120度くらい。内反尖足。 ・ADLは，衣服の着脱，排泄は部分介助が必要。 ・右手は，ある程度の操作が可能で，書字も可能である。 ・食事は，スプーンやフォークを使用して自力で可能。 ・移動は，家庭では，肘這い，学校では車いす使用である。 ・上肢操作に困難なところがあり，段差やスロープの上り下りは自力では難しい。実用的には電動車いすの使用が望まれる。
児童の年間指導目標	・上肢の操作性の向上：肩甲帯と首まわりのリラクセーション。肘，手関節，手掌のリラクセーションと書字，描画，はさみの操作。 ・姿勢保持能力の向上：体幹部，股関節，膝関節，足関節のリラクセーションと座位姿勢の安定。 ・電動車いすの操作性の向上：安定した平地走行，ジグザグ走行，校内の移動。
本人の要望	学校の中を電動車いすで自由に動くこと。
保護者の要望	近所のコンビニエンスストアなどに，自分だけで買い物に行けるようになってほしい。

表９-２　ポジショニングの目的

心理発達面	１．手の最大限の使用 ２．豊かな情報の獲得 ３．身体意識の形成 ４．自己刺激的行動の抑制 ５．情緒の安定，対人関係の発達
呼吸・摂食機能面	６．正常な呼吸パターンの発達 ７．摂食・嚥下機能の発達
身体・運動面	８．原始姿勢反射の抑制 ９．正常姿勢反応の促進 10．体幹，四肢の二次障害（変形・拘縮）の予防 11．褥瘡予防，喀痰排出

じる。そこで，その時の状況に応じた適切な姿勢を援助することが必要になり，これをポジショニングと言う。表９-２に，ポジショニングの目的を示した。呼吸・摂食機能面のポジショニングや，身体・運動面のポジショニングについては，医療の中で研究されており，肢体不自由特別支援学校においても普及してきた。

心理発達面のポジショニングは，授業において十分検討されなくてはならない。授業では，教材を見たり，教師を見たり，教材を操作したりする活動が重要である。そのためには，対象をしっかりと見ることができ，上肢を意図的に使用できる姿勢を工夫しなくてはならない。重度の肢体不自由がある児童生徒が普段使用している車いすは，心身ともにリラックスし，介助者が押すことによって移動するように作成されている。この車いすに乗ったままの姿勢では，しっかり見ることや上肢を意図的に使用することが困難な場合が多い。

図９-１は，ポジショニングの考え方を表したものである。よい指導は，Ａ教材・教具を用い，Ｂ指導者の関わり方が重要である。加えて，

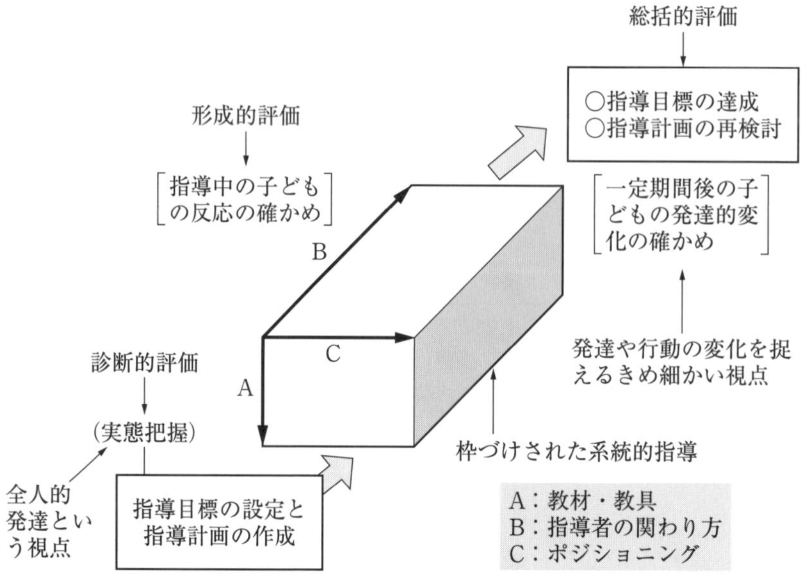

図 9 - 1　指導におけるポジショニングの位置付けと効果的学習の 3 条件

肢体不自由，特に重度の肢体不自由がある場合は，Cポジショニングが重要であることを示している。

2　能動的な視覚探索と主体的な上肢の使用を促すポジショニングの例

図 9 - 2 は，側弯の強い生徒の事例である。側弯が強いと，体幹を垂直に保つことが，側弯をさらに悪化させることから，A，Bのように，後傾した車いすを使用し，体重を身体全体で支えることがよく行われる。しかし，このポジショニングでは，目は上しか見ることができず，手元を見ることができない。そこで，この事例では，側臥位のポジショニングを工夫することで，対象物を見ながら，手を操作することを可能としている。

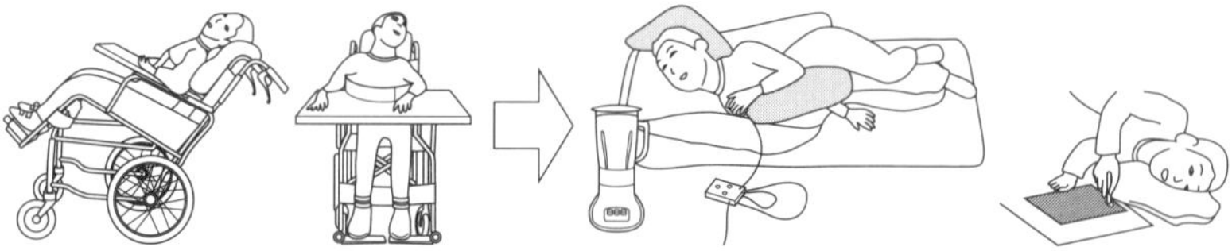

A　B　C　D

側弯が顕著で,股関節は亜脱臼している。頸部の筋緊張が強く，頭部は後屈し，下顎が上がっている。肘伸展だと，背中・頭部に反りが出現するので，手に何かを持たせることは困難。肘屈曲にして何かを持たせると，手元を見ようとはするが困難である。

頭部はやや後屈しているが，砂袋を置いて反りを抑制している。肩甲帯・骨盤帯は，床面に対して垂直位をクッションを利用して保っている。フィルムケーススイッチを握り，押すと，ミキサーが回るのを目で確認できる。また，棒を握って,粘土板を上から下に引っかくことができる。

図９-２　側弯の強い生徒の事例

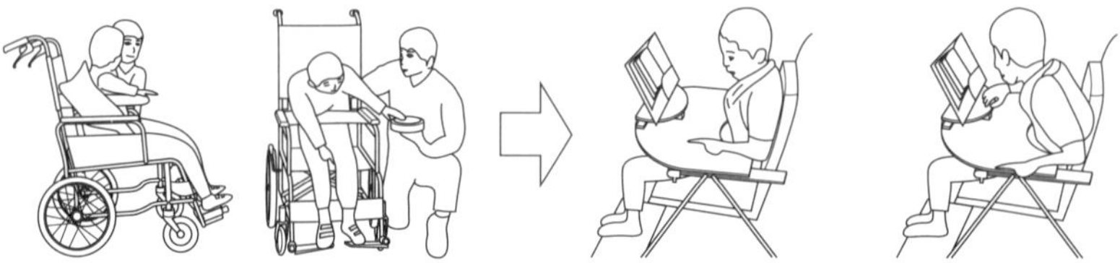

A　B　C　D

体幹下部が落ち込み，骨盤後傾している。スイッチに手を出そうとすると，上肢・下肢ともやや伸展位になり，姿勢のバランスを保っている。

テーブルに両肘をつき，ランバーサポートを支点にして，背中を伸ばし，上体をほぼ垂直位に保持している。書見台の絵本に注目し続けられる。自らやや前傾の姿勢をとり，ページをめくったら再び姿勢を垂直位に戻すことができる。

図９-３　連合運動が出現する児童の例

図９-３のＢは，朝の会でスイッチを押し，あいさつをしている場面である。左手でスイッチを押そうとしているが，右手も両下肢も，伸展してしまっている。脳性まひの場合には，目的の動作に伴って，別の上肢や下肢が動いてしまい，身体全体のバランスを崩し，そのことが目的

の動作を妨げてしまうことが，しばしば見られる。そこで，C，Dのように，座位姿勢を工夫し，身体を安定させ，見ながら操作することを可能とした。

学習課題

⑴ 自分でさまざまな姿勢をとって，そのときの頭の動きや手の動きについて考えてみよう。
⑵ 座位保持装置や車いすのことについて調べてみよう。

引用・参考文献

1） 川間健之介『ポジショニング』（肢体不自由教育 141 号，p.45-53，1999）
2） 川間健之介『肢体不自由児の姿勢―認知発達との関連を中心に―』（特殊教育学研究，39(4)，p.81-89，2002）
3） 川間健之介『学校の教育活動全体を通して行う自立活動』（肢体不自由教育 173 号，p.18-23，2006）
4） 川間健之介『視覚認知の発達と支援』本郷一夫・長崎勤編，別冊発達 28，特別支援教育における臨床発達心理学的アプローチ（ミネルヴァ書房，p.10-22，2006）
5） 文部科学省『特別支援学校小学部・中学部学習指導要領』，2017
6） 文部科学省『特別支援学校教育要領・学習指導要領解説自立活動編』，2019

10 コミュニケーションの指導

徳永　豊

《**目標＆ポイント**》　子供が学校生活を送り，授業に参加する上で基本となることの一つが，他者とのやりとりを成立させることである。本章では，子供とのコミュニケーションの方法として，言葉や身振り，補助手段を活用した工夫について取り上げる。教師などの他者からの働きかけを受け止めて理解し，自らの考えをまとめ，表出・表現する。これらの力を高めるためのコミュニケーションの指導ポイントを考える。

《**キーワード**》　言語的コミュニケーション，前言語的コミュニケーション，原初的コミュニケーション，補助的手段の活用，足場づくり

第1節　コミュニケーションとは

コミュニケーションとは，子供と他者がやりとりすることであり，両者がつながり，両者の間に成立するものである。そのための基本的な行動が「聞くこと」と「話すこと」である。図10 - 1に示すように，コミュニケーションとは，子供が，教師または他の子供との間で，聞いたり話したりして，「やりとり」することを指す。

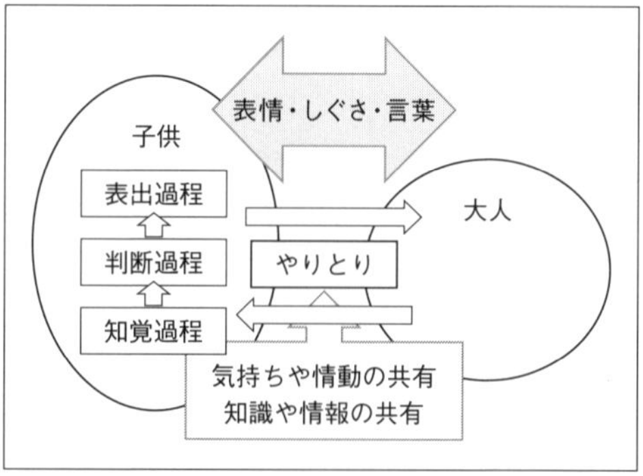

図10 - 1　コミュニケーションの構造

1　コミュニケーションの機能

コミュニケーションの機能には，①気持ちや情動の共有と，②知識や情報の共有がある。やりとりをする中で，表情や言葉から，うれしさや悲しさを共有する場合がある。また，テレビのニュースや電話番号などを尋ねることで，知識や情報を共有する場合もある。

相手を意識し何かを伝え，気持ちや情報を共有し，その場に応じて相互に意思などを伝達し合うことでコミュニケーションが成り立つ。肢体不自由のある子供には，「まひ」のために身振りや発声することに難しさがあり，それらの行動では，コミュニケーションが成立しない場合がある。

2　コミュニケーションが成立しない場合の影響

コミュニケーションがうまく成立しないと，①考えていることを相手に伝えることができない不全感にストレスを感じたり，②自らの働きかけが，相手に影響を与える体験を積み重ねることができずに自己肯定感が低いままにとどまったりすることがある。また，③自らの考えで物事を選択して決定することが少なくなり，自発性や自律性を高めることが難しかったりする。

コミュニケーションの指導を適切に展開することは，子供の情緒の発達や対人関係，社会性の発達を促すことにもつながるものである。

3　コミュニケーションとその基本

子供とのコミュニケーションについては，図 10 - 1 に示す構造となる。コミュニケーションは，子供と大人の間に成り立つもので，音声等を受け取る「知覚過程」，意味を理解して伝えたいことをまとめる「判断過程」，表情やしぐさ，言葉などの記号（手段）を操作する「表出過程」がある。子供の表情やしぐさ，言葉による働きかけに，大人が表情やしぐさ，言葉で応じることを示している。

そして，このコミュニケーションは，子供と大人，子供同士の活動の根底にあるものであり，すべての教育活動の基本となるものである。また，障害の重度な子供の場合には，このコミュニケーションを成立させることこそが，教育活動の中核になる。

さらに重要なことは，コミュニケーションは，子供と大人の両者の間に成立するものであり，大人の受け止め方や理解の程度が，コミュニケーションの成立に強い影響を与える点である。

第2節　子供の難しさとコミュニケーションのタイプ

特別支援学校等において，多くの肢体不自由がある子供が授業に参加している。授業などにおけるコミュニケーションに関して，子供はどのような難しさに直面しているのだろうか。また，展開されているコミュニケーションには，どのようなタイプがあるのだろうか。

1　子供のコミュニケーションの難しさ

コミュニケーションにおいて，肢体不自由がある子供が示す難しさには，大きく二つのタイプがある。

1）表出の難しさ

図10 - 1を手がかりにすると，一つは「知覚過程」と「判断過程」には問題がないが,「表出過程」に難しさがある場合である。話されている内容や書いてある内容は理解できるけれど，呼吸や構音に障害があり，声を出すことや書いたりすることなどの表出や表現に難しさが生じる。このような場合には，その子供が可能な表出方法を見つけ出し，補助手段の活用などに取り組む必要がある。

2） 判断の難しさ

もう一つは，知的障害を伴う場合で「知覚過程」,「判断過程」,「表出過程」のそれぞれに難しさがあり，特に「判断過程」に難しさが伴う場合である。知的障害を伴っているため，言葉や文字が理解できない状態にある。このような場合には，子供の理解の程度に応じて，記号（手段）として，サインやシンボル，身振り，表情などを活用することが必要になる。さらに，知的障害が重度であると，教師に注意を向けて，教師の働きかけを受け取ったり，理解したりすることが難しい場合がある。

なお，見ることや聞くこと（知覚過程）に難しさがある場合もあるので，子供の視覚機能や聴覚機能については，問題がないかどうかを確認することが大切である。

2　コミュニケーションのタイプ

肢体不自由がある子供の知的発達の程度は，学年相応の教科学習が可能な子供から，子供の表出を教師が表情やまなざしから読み取る必要がある子供まで，大きな違いがある。それぞれの子供の肢体不自由の状態や知的発達の程度に応じて，図10 - 2に示すように，姿勢・表情・まなざしから言葉（音声・書字）ま

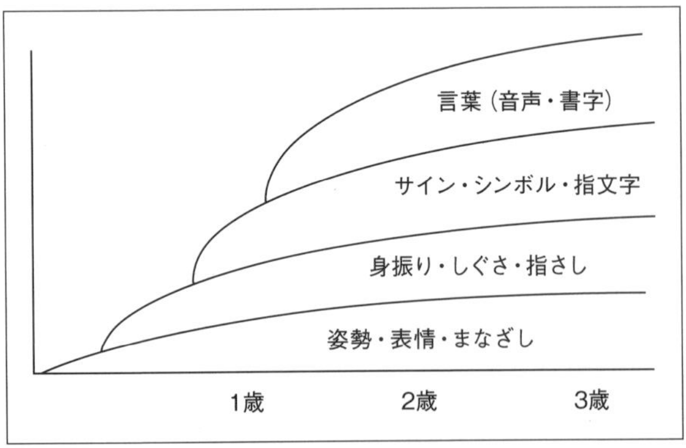

図 10 - 2　コミュニケーションのための記号（手段）

での記号（手段）をコミュニケーションのために選択し，活用を試みる必要がある。

1）言語的コミュニケーション

発達初期に見られる喃語から，単語のレベル，3 語文の活用，そして学年相当の「聞く」，「話す」のレベルまで，肢体不自由がある子供のコミュニケーションの実態は，実に幅広い。このため，理解したり，使用したりできる語彙数の程度や，接続詞や助詞の理解と使用の程度について把握する必要がある。

また，「読む」，「書く」ことによるコミュニーションの程度についても把握して，適切に指導する必要がある。国語科の指導内容と関連付けながら，コミュニケーションしようとする意欲を大切にして，構音や呼吸のコントロールの難しさなどについて把握し，必要な支援と適切な指導を行うことが大切である。

2）前言語的コミュニケーション

言語的コミュニケーションが難しい子供に対しては，指さしや身振り，表情などによるやりとりを活用する。これらのやりとりは，言語的なコミュニケーションが可能な子供にとっても，補足的な手段として大切になる。

日常生活で，子供とのやりとりを大切にして，さまざまな場面で子供に適切な記号（手段）を活用して，子供に働きかけることが大切である。そして，子供が示す表出や表現を受け止め，理解して，働き返すことが必要になる。

前言語的なコミュニケーションの記号としては，このほかに写真やサイン，シンボルなどを活用したものも含まれる。図 10 - 3 は，子供が好きなものを見る行動をとらえて，教師が子供の視線による選択を理解するために使うボードである。

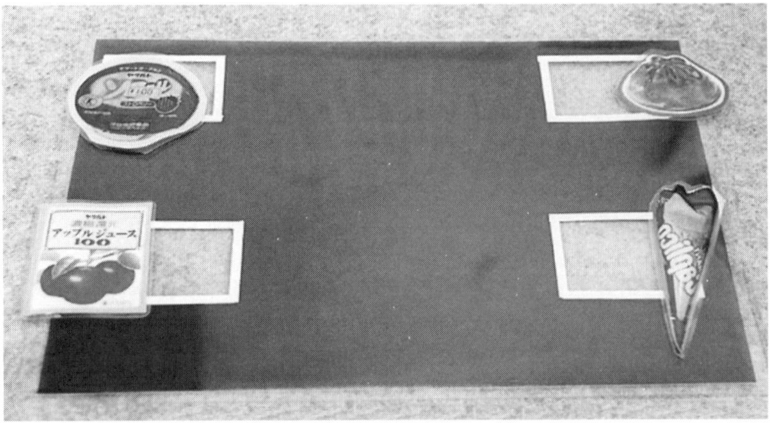

図 10 - 3　好きなものを選ぼう（視線選択ボード）

3）原初的コミュニケーション

障害が重度で重複している子供の場合には，原初的コミュニケーションが中心となる場合がある。このコミュニケーションは，子供に明確な意図があって，何かを伝えようとする前の段階に位置付けられる。目の動きやまなざし，表情，身体の動きを子供の表出・表現としてとらえ，これらがまた，子供に働き返すコミュニケーション手段となる。何かを伝えようとする前段階であり，情報の共有の側面より情動の共有が優先される段階である。

第３節　指導内容と補助的手段の活用

コミュニケーションの指導を展開する上で，その指導内容をどのように理解すればよいのであろうか。また肢体不自由教育では，子供の障害の状態や発達の程度に応じて，どのような工夫が行われているのであろうか。

1　コミュニケーションの指導内容

特別支援学校の教育課程を編成する領域の一つに，「自立活動」がある。そして，この「自立活動」の内容の区分の一つに，コミュニケーションがある。表10-1には，そこに示されている五つの項目を示した。

表10-1　コミュニケーションの項目

コミュニケーション
（1）コミュニケーションの基礎的能力に関すること。
（2）言語の受容と表出に関すること。
（3）言語の形成と活用に関すること。
（4）コミュニケーション手段の選択と活用に関すること。
（5）状況に応じたコミュニケーションに関すること。

1）コミュニケーションの基礎的能力に関すること

障害の種類や程度等に応じて，表情や身振り，各種の機器などを用いたやりとりなどが行えるように，コミュニケーションに必要な基礎的な能力を身に付けることを意味している。

基礎的な能力には，やりとりの相手に気付き，相手を意識することや身振りや発声を相手が受け止め，その結果として，相手の行動が変化することの理解などが含まれる。さらに，相手の身振りや発声から，相手の感情や意図を推測する力も重要になる。

特に，他者への関心が乏しく，他の人からの働きかけを受け入れることが難しい子供の場合などは，教師との共有関係を形成し，教師の言葉や動きに対して注意を向けることができるように指導する。

2）言語の受容と表出に関すること

話し言葉や各種の文字・記号等を用いて，相手の意図を受け止めたり，自分の考えを伝えたりするなど，言語を受容し表出することができるようになることを意味している。

一般的な記号は話し言葉や文字であるが，子供の肢体不自由の状態や発達の段階等に応じて，身振りや表情，指示，具体物の提示など，前言語的な方法を用いることが必要な場合もある。

このような言語には，意味する記号と意味されるものがあり，そのつながりや関係付け（象徴機能）を理解することにより，簡単な言語指示に応じたり，単語を発したりして，言語の受容と表出が高まっていく。

教師が，具体物を操作しながら，その名称を言葉で伝えたり，子供が操作している物を言葉で説明したりしながら，言葉と具体物のつながりを子供が理解できるように指導する。

3）　言語の形成と活用に関すること

コミュニケーションを通して，日常生活に関連した言語の概念の形成を図り，体系的な言語を身に付けることができるようになることを意味している。

言語形成については，語彙や文法体系の習得に努めるとともに，それらを通して言語の概念が形成されることに留意して，指導内容・方法を工夫することが必要である。特に肢体不自由がある子供は，具体的な操作や移動に難しさがあり，体験や経験の幅や量が限定されがちである。概念の意味理解を深めるためには，適切な体験や経験を提供する工夫が大切になる。

4）　コミュニケーション手段の選択と活用に関すること

話し言葉や各種の文字・記号，機器等のコミュニケーション手段を適切に選択・活用し，コミュニケーションが円滑にできるようになることを意味している。機器等のコミュニケーション手段の活用は，肢体不自由がある子供にとって重要な点であり，次の項目で取り上げる。

5）　状況に応じたコミュニケーションに関すること

場や相手の状況に応じて，コミュニケーションを展開できるようになることを意味している。コミュニケーションを円滑に行うためには，伝えようとする側と受け取る側との人間関係が重要である。

具体的には，友人や目上の人との会話，会議や電話などにおいて，相手の立場や気持ち，状況などに応じて，適切な言葉の使い方ができること等である。

2　補助用具や補助的手段の活用

肢体不自由がある子供の多くには，発声や話すこと，手の操作などの体を動かすことに難しさを示す場合が多く，表出過程において適切な補助用具や補助的手段を活用することが重要になる。

1）補助用具と補助的手段の活用

一般的に「補助用具」とは，特定の動作を行うことが困難な人を助ける器具である。歩行の困難な児童生徒については，つえ，車いす，歩行器などがある。コミュニケーションの一つの手段として，筆記の困難な児童生徒については，筆記しやすいように工夫された自助具（ペンホルダーなど）や筆記の代替をするコンピュータ及び児童生徒の身体の動きの状態に対応した入出力機器などが挙げられる。

また，「補助的手段」の例としては，身振り，コミュニケーションボードの活用などが挙げられる。なお，補助用具や補助的手段の活用については，自立活動の指導との関連を図りながら，指導を行うことが大切である。

特に，児童生徒の身体の動きや意思の表出の状態等に応じて，適切な補助用具や補助的手段を工夫するとともに，コンピュータ等の情報機器などを有効に活用し，指導の効果を高めるようにする。

2）拡大・代替コミュニケーション（AAC）

発声や発語が難しい肢体不自由がある子供の発信や表現を補助するた

めに，文字盤やコミュニケーションボード，スイッチを押すと音声を発する機器などが幅広く活用されている。

このような多様な表現手段を活用する取り組みが，拡大・代替コミュニケーション（AAC：augmentative and Alternative Communication）と言われる。子供のコミュニケーションを可能とするあらゆる方法（機器ではない，写真や絵，表情やジャスチャーも含む）を活用していこうとする取り組みである（渡邉，2008）。

3）支援機器の活用

近年の科学技術の進歩で拡大しているのがコンピュータなどの機器の活用であり，この領域は支援機器（Assistive Technology）と言われる。明確な区別は難しいが，支援機器の活用目的には，①教科書などの教材教具として機器を活用するものと，②コミュニケーションの補助的手段として活用するものがある。そして，コミュニケーションの補助的手段として支援機器を活用する取り組みはAACに含まれる。

タッチパネルで操作が可能なタブレット端末を活用した実践やマウスの替わりに視線入力装置でパソコンを操作して，他者とコミュニケーションを試みる実践が展開されている。

わずかな目の動きや手に動きを活用し，パソコンや機器を操作して，大人を含む外界に働きかける重要な機会となっている。今後も発展が期待され，可能性が広がる領域となっている。

第4節　情動と情報の共有

コミュニケーションの大切な機能は，子供と大人がその場での気持ちや情動，情報を共有することである。子供にとっては，「今の気持ち，わかってもらった」，「伝えたいことが伝わった」という実感を積み重ねることが可能なように指導する。

1　大人の受け止めと工夫

このようなコミュニケーションが成立するか否かは，教師等の大人の役割が大きな要因になる。話し言葉ではなく，わずかな目の動きや表情の変化，さらには言葉にならない発声などから，子供の表出や表現を大人が受け止め，子供の伝えたい事柄を推測することが求められる。つまり，子供の障害の状態や発達の程度に応じて，大人が適切にコミュニケーションのチャンネルと感度を合わせることが前提になる。

表10 - 2　役割を果たすために必要な大人の力

1．わずかな動きや表情，不明確な音声などの変化を受け取る**敏感力**
2．これまでの子供の経験や理解する力を踏まえて，伝えたいことを推測する**想像力**
3．表出・表現する過程を推測し，相手の伝えたいことがまとまり，それを表現するまで待つ**忍耐力**
4．子供が理解できる方法で，子供が理解できるテンポで，わかりやすく伝える**表現力**
5．その時の子供の気持ちや情動，さらに，伝えたい情報を共有する**共感力**

2　大人の役割と足場づくり

表10 - 2に，大人がこの役割を果たすための必要な力をまとめた。「敏感力」「想像力」「忍耐力」「表現力」「共感力」がキーワードである。大人が自らの行動を調整することで，コミュニケーションを成立させ，そのやりとりを積み重ねたり，子供の力に応じて，やりとりをずらしたりする中で，子供は自らの表出・表現する力と大人からの働きかけを受け取る力を伸ばしていく。

このように大人の適切な援助で，子供との活動が成立し，その活動により子供が力をつけることが発達援助の基本である。この大人の役割は，図 10 - 4 に示す「足場づくり（Scaffolding)」といわれる（徳永，2007)。

子供の能力を超えた部分を，大人が支えて活動を展開し，子供が「やれた」と実感する中で，子供が発達するということを示している。子供は，大人のしっぽにのせられていて，のせられているからこそ，大人と目が合って，お互いのやりとりが可能となる。のせるほうも，ちゃんと目が合うように上手にのせることが必要になる。そして，その調整が大事な役割となる。子供のわずかな表出を「取り上げ」「意味付け」「展開」していき，そのようにやりとりを続けられるように支援していくことを示している。

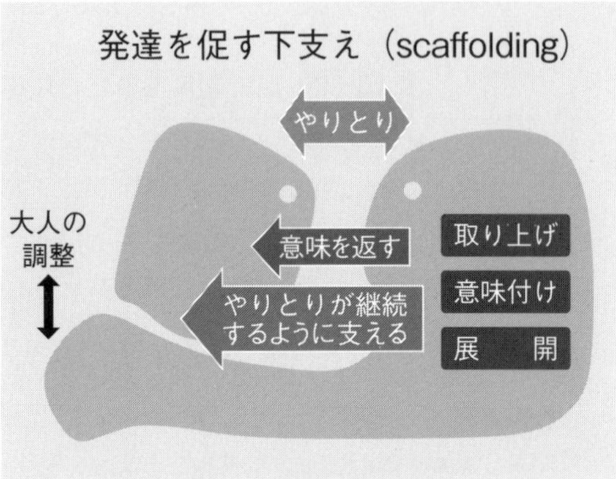

図 10 - 4　発達を促す下支え

さらに，大人は，子供の注意を引き付け，モデルを示し，言語で指示を行うなど，子供の発達の程度に合わせ活動を支援する。子供自身の意思や意図によって行為や活動ができるように，つまり，子供が主体的に取り組めるように支援していく。「足場づくり」とは，このような「大人の関わり方」のことを意味する。子供の発達を読み取り，大人が少しずつ「足場をはずして」いき，子供が自律的・主体的に人や社会・文化と関わるようになることを支援していくことが大切である。このように，子供の発達やコミュニケーションにおいては，大人の役割はとても大切になる。

学習課題

◆コミュニケーションとは何か，どのようなタイプがあるか，それが難しくなる要因にはどのようなものがあるかをまとめよう。また，指導上の工夫のポイントを考えてみよう。

引用・参考文献

1）文部省『肢体不自由児のコミュニケーションの指導』（日本肢体不自由児協会，1992）
2）渡邉章「コミュニケーションの指導・支援の基本的枠組み」日本肢体不自由教育研究会監修『コミュニケーションの支援と授業づくり』（慶應義塾大学出版会，2008）
3）徳永豊「身体の動きを手がかりとした指導」日本肢体不自由教育研究会監修『肢体不自由教育の基本とその展開』（慶應義塾大学出版会，2007）
4）徳永豊『重度・重複障害児の対人相互交渉における共同注意』（慶應義塾大学出版会，2009）
5）鯨岡峻「表出から表現へ」日本肢体不自由教育研究会監『コミュニケーションの支援と授業づくり』（慶應義塾大学出版会，2008）
6）吉川知夫「重複障害児へのAACアプローチによるコミュニケーション指導」日本肢体不自由教育研究会監『コミュニケーションの支援と授業づくり』（慶應義塾大学出版会，2008）

11　各教科の指導

川間健之介

《目標＆ポイント》 肢体不自由児が抱える各教科の学習における困難は，児童生徒に肢体不自由があるために，文字が書きにくかったり，教材を操作できなかったり，言語障害があるために，自分の意見を発表しにくかったり，視覚障害あるいは視知覚認知障害があるために，黒板や教科書に書かれている文字などが読みづらかったりするなど，多様である。本章では，教科ごとに，それらの困難と困難に対する対応について考える。

《キーワード》 肢体不自由，言語障害，視覚障害，視知覚認知障害，各教科の指導における支援

第1節　肢体不自由児の学習における困難

肢体不自由児の不自由さの種類や部位は多様であり，起因疾患やその病状も多岐にわたる。特別支援学校に在学している肢体不自由児の起因疾患は，脳性疾患が８割であり，中でも脳性まひがその多数を占めている。脳性まひ児の場合には，脳損傷による運動障害のほか，知的障害，言語障害，視覚障害，視知覚障害，知覚—運動障害など，さまざまな障害を伴っていることが多い。そして，これらの障害による困難がさらに相互に関わって，より困難さを増していると考えることができる。

したがって，肢体不自由児に対する各教科の指導では，障害特性が学習に及ぼす影響を把握し，それに対応する指導を工夫する必要がある。本章では，主として，筑波大学附属桐が丘特別支援学校の実践を基に解

説していく。

1　肢体不自由がもたらす困難（表 11 - 1）（表 11 - 2）

上肢の障害は，教材・教具を操作すること，教科書のページをめくること，文字を書くことなどに大きな困難をもたらす。筆記用具にグリッパーなどを装着して持ちやすくしたり，滑り止めマットや文鎮を活用し

表 11 - 1　脳性まひ児の障害特性―授業との関連―

障害・困難	授業等に及ぼす影響	指導の工夫及び配慮
上肢の障害	・文字を書くことが難しい	・滑り止めマットや文鎮等を活用し，ノートを固定する ・パソコン，コミュニケーション機器等の代替機器を活用する
	・手指を使った作業が難しい 道具の利用 楽器の演奏 球技・器械運動 実験器具の操作 制作活動 調べ学習	・不随意な動きにも対応した作業スペースを確保する ・机や楽器，制作物の位置等，活動を行う位置を工夫する ・扱いやすい素材や題材を利用する ・作業法を工夫したり，手順を単純化する ・道具を改良したり，補助具を利用する ・跳躍運動は行わない等の内容の精選を図る ・個別のルールや課題を設定する
	・時間がかかる	・授業計画段階での目標の重点化と作業時間を確保する ・授業において直接書くことが重要でない活動においては，児童生徒が言語などで表出したことを教員が代筆する

たりしてノートを固定するなどの工夫が必要である。パソコンやトーキングエイドなどを活用する児童生徒も多い。本人が操作しやすい位置に教材を提示することも必要である。こうした工夫を行っても，時間がかかるため，授業の計画段階から目標の重点化や，本人が書く必要がない

場合には，教師が代筆するなどの対応が必要となる。

下肢の障害は，教室内の移動や教室外で授業を行う際の移動に制限をもたらす。体育等では，個に応じたルールや課題の設定が必要である。体幹保持の困難は，黒板が見えにくい姿勢になるなど，すべての授業にわたって活動しにくくなってしまう。そして，疲れやすく，授業に集中しにくくなってしまう。

肢体不自由があるため，同年齢の児童生徒に比べて直接的な種々の経験が圧倒的に少なくなることがある。そのため，興味・関心の幅が狭かったり，時間の意識が希薄であったり，受身であったり，自信がなかったりすることがある。このような場合は，家庭とも連携して具体的

表 11 - 2　脳性まひ児の障害特性─授業との関連─

障害・困難	授業等に及ぼす影響	指導の工夫及び配慮
下肢の障害	・活動場所の制約 ・実地調査等の難しさ	・遠隔コミュニケーション手段やネットサービス等を利用する ・生活と関連付けた具体的・体験的な活動を導入する
	・移動運動，跳躍運動等の制限	・個に応じたルールや課題を設定する（競争の距離等） ・跳躍運動は走ることができない，あるいは車いすを使用する児童生徒は取り扱わない
体幹保持困難	・疲れやすい ・見えにくい ・活動しにくい ・技能の習得に時間がかかる	・集中できる時間にする，繰り返し行う，ゆったり行う等，授業時間の配分を工夫する ・姿勢保持の訓練や机，いす，座位保持装置等を工夫する（PT，OT との連携が必要）
経験不足	・興味の幅が狭い ・時間の意識が弱い ・受身であったり，自信がなかったりする	・具体的操作や経験の機会を多く持つ（家庭との連携が重要） ・繰り返し学習できるような計画を立案する ・具体的・直接的な活動を豊富に取り入れる ・模型などの具体的なモデルを提示する

な体験の機会を多く持つようにする，繰り返し学習ができるような計画を立案する，授業に具体的・直接的な活動を多く取り入れる，などの工夫を行う必要がある。

2　言語障害がもたらす困難（表 11 - 3）

脳性まひ児のうちの 50 %～ 70 % の者が，言語に何らかの問題を持っていると言われている。発声発語器官の運動が妨げられ，発語機能の発達が阻害され，音声言語の不使用，あるいは音声言語の明瞭度や流暢さが低い段階にとどまることがある。脳性まひ児の多くは，胸郭や腹部の動きや頸部の筋緊張のため，発声に十分な呼吸を行うことがうまくできないことがある。このため，授業においては，自分の意見が伝わりにくかったり，伝えるのに時間がかかったりすることになる。

表 11 - 3　脳性まひ児の障害特性―授業との関連―

障害・困難	授業等に及ぼす影響	指導の工夫及び配慮
言語障害（構音障害・吃音等）	・意見が伝わりにくい	・パソコンやコミュニケーション機器等の代替手段を活用する
	・特殊音節（長音，拗音，拗長音，促音）の表記に誤りが見られる	・視覚的な提示を取り入れ，確認する
	・伝えるのに時間がかかる	・あいづちや正しい言葉で繰り返すなどして伝えようとする姿勢を受容する
	・リコーダーなどの演奏が難しい	・呼吸のコントロールが必要な楽器は適さないため，他の楽器で代替する
	・思ったように歌えない	・声を出すための準備として，姿勢をとるための援助や呼吸を整えるための援助を行う ・参加できる部分を作ったり，歌詞ではなく発声のみで歌えるようにするなど，実態に応じた歌い方にする

授業においては，あせって話をさせない，相づちや正しい言葉で繰り返すなどして，本人が伝えようとしていることをしっかりと受容することが必要である。本人が話した内容の要点を板書するなどして，確認することも必要である。また，パソコンやトーキングエイドなどの代替手段の活用を検討する必要もある。

3　視覚障害がもたらす困難（表 11 - 4 - 1）

ある肢体不自由特別支援学校で視能訓練士が児童生徒の視機能検査を行ったところ，約 70 % の児童生徒に何らかの問題があることがわかった。このことについては，第 6 章第 1 節に詳述したが，こうした視覚障

表 11 - 4 - 1　脳性まひ児の障害特性—授業との関連—

障害・困難	授業等に及ぼす影響	指導の工夫及び配慮
視覚障害 視知覚認知障害	・文字を読むことができない ・文字識別の困難さや行飛ばしが見られる ・文章の内容がわからない	・教員が指し示す，拡大する，色をつける，線を太くする，フォントを換える，コントラストを調整する，書見台等を利用して見やすい角度にする ・読み上げソフトを活用する，教員が代読する
	・位置や形をとらえづらい，文字を書きにくい	・文字や漢字の学習では筆順にそって，縦・横などの運動の方向を言語化し，視覚情報を聴覚情報へ置き換える ・形や全体像を指でなぞらせるなど，触覚を利用する ・マス目を利用するなどして，文字の書き始めの位置や大きさをとらえさせる
	・図形の認知能力の弱さ ・図形の位置関係 ・見えにくさ ・読みにくさ ・測定器具の数値が読めない	・拡大する，太くする，形ごとに色分けする，辺や頂点などの構成要素ごとに色分けするなど，見えやすくする ・実物モデルを用い，実際に触る活動を取り入れる ・目盛にポインターをつける

害がある場合には，弱視教育で行われている支援方法を参考に指導することができる。拡大教科書を利用したり，プリント等については，単に文字などを拡大するだけでなく，フォントはゴチック体，丸ゴチック体などを使用したり，ポイントは 12 ～ 15 ポイント，マージンや行間なども，本人が見えやすいものを把握したりする必要がある。通常の教室よりも照度を高くする必要もあるが，逆にまぶしさを訴える児童生徒もいるので注意が必要である。

表 11 - 4 - 2　脳性まひ児の障害特性—授業との関連—

障害・困難	授業等に及ぼす影響	指導の工夫及び配慮
視覚障害 視知覚認知障害	・統計資料や地形図を正確に読み取ることが難しい ・図や表，グラフの読み取りが難しい	・拡大地図，ルーペなどの補助具の活用，情報量の少ない地図，資料の活用，注視ポイントを提示するなど，見やすくする ・触地図や模型を活用して，視覚情報を触覚情報で補う ・資料や地図の位置，形，大きさなどを言語化して，聴覚情報で補う
	・観察図が描けない	・植物等は実物をトレースしたものに特徴を加える ・口頭で特徴を述べさせ，代筆する
	・楽譜を読むのに困難がある	・楽譜を見ながら演奏するのは困難なため，階名唱・リズム唱など，楽譜の情報を音で表す，範唱・範奏を聴く回数を増やすなど，視覚情報を聴覚情報へ置き換える
	・絵が形になりにくい ・全体をとらえて構成できない	・○，△などを利用した呼応性遊びや見立て遊びを取り入れる ・構造を見やすくするために，絵では形の要素を塊でとらえさせたり，彫塑では団子の組み立て，建築では箱の組み立ての学習を行う
	・パソコンの画面が見えにくい	・使いやすい画面設定（サイズ，コントラスト等）での提示

4　視知覚認知障害がもたらす困難（表 11 - 4 - 2）

第 6 章で述べたように，脳性まひ児のうち，痙直型両まひの場合に，視知覚認知に障害があることが知られている。その原因が，脳室周囲白質軟化症（PVL）と関係があることがわかってきた。視知覚認知障害，いわゆる「見えにくさ」は，教師がすぐに気付くことができるものではなく，また，本人も見えにくいという自覚を持っていないことも多い。そのため，「見えにくさ」を抱えながら，適切な支援が行われないことが多い。痙直型両まひに限らず，言語能力に比べて視知覚認知能力を必要とする課題に困難を示す場合には，次に述べるような「見えにくさ」に対する支援を行ってみるとよい。それによって困難が改善されたならば，「見えにくさ」があったと言える。

「見えにくさ」がどの教科の学習でも困難をもたらすのは，文字が読みにくい，文章が読みにくいということである。特に，字形が複雑な文字は，全体としてのまとまりとして文字を認識できなかったり，縦書きの場合に行飛ばしをしてしまったりする要因となり，こうした状態が脳性まひ児にしばしば見られる。このような児童生徒に対しては，テキストを拡大するなどの支援が必要であるが，行間やマージンなども，本人の見えやすいものにする必要がある。フォントも，教科書体よりはゴチック体や丸ゴチック体のほうが読みやすいことがある。

漢字などを書く際に形がとらえられなかったり，字形を整えることができなかったりする場合には，筆順に沿って縦・横などの運動の方向を言語化し，視覚情報を聴覚情報に置き換える，指で筆順どおりになぞるなどの触覚情報を活用する，マス目を利用し，文字の書き始めの位置を知らせるなどの支援を行う。

図形をとらえることができない場合には，線を太くする，図形を拡大する，形ごとに色分けする，辺や頂点などの図形の構成要素ごとに色分けをするなどして，見えやすくする。定規などの目盛が見えにくい場合には，目盛にポインターを付ける。

理科や社会科では，図表が多くあり，これらの読み取りができないことが多い。図表を拡大する，ルーペなどを利用することなどのほか，情報量の少ない図表を用いることも有効である。また，電子黒板等を利用して，注目すべき部分を拡大表示する，なども有効である。

パソコンの場面が見えにくい場合には，画面の情報量を少なくし，コントラストを明瞭にするため，白黒反転の画面を用いることなどが行われる。

5　各教科の内容の精選と学力差に応じた授業

上述したさまざまな困難のため，肢体不自由児では，知的障害を伴わない場合でも，学習目標を達成するためには，多くの授業時数を費やすことになる。肢体不自由がある児童生徒では，小学校や中学校の通常学級と比べると，同じ教科書を用いている場合，学期に 1 単元ごと進度が遅れがちとなることが多い。そうすると，学年が終わっても，3 分の 1 程度の学習内容が残ってしまう。このため，年間の授業時数が限られている各教科の授業では，内容の精選が必要となる。内容の精選は，つまみ食い的に理解できそうな部分だけを取り上げるのではなく，基礎的な内容，応用的な内容，発展的な内容を踏まえて，特に時間をかけて理解を深める内容を適切に精選する必要がある。小学校等の学年に対応した教科の内容を学ぶ場合，下学年の教科の内容を学ぶ場合，知的障害特別支援学校の各教科の内容を学ぶ場合など，小学校 1 年から中学校 3 年までの各教科の内容を踏まえていなければ，適切に精選することはできない。このため，教師は各教科の内容の系統性について十分に理解していなくてはならない。

特別支援学校では，小・中学校の当該学年の各教科の内容や下学年の教科の内容を学ぶ場合，教師と児童生徒が一対一のこともあるが，多くの場合，学力や理解度の異なる児童生徒が複数いる小集団で学習していることが多い。このような小集団での学習は，どの児童生徒に対しても同じ教科書を用いて授業が行われることが多いが，個々の児童生徒の学力や理解度に応じて，その単元での学習目標は一人一人異なるものとして取り組まれることが多い。この場合も，それぞれの学習目標は，その教科の内容の系統性に基づいて導かれていなくてはならない。

第2節　各教科の指導における支援

1　国語科における指導

国語では，「読む」，「書く」，「聞く」，「話す」という4領域が重視される。授業においては，上肢の障害のため，漢字学習や作文，ノートをとるなど，「書く」領域に困難を示す。体幹保持の困難は，文字等が見えづらく，学習に集中しにくくなり，文章理解や作文などの「読む」，「書く」領域の学習に影響する。肢体不自由がある児童生徒の経験不足は，児童生徒が受身になったり，自信を持てなくなったり，具体的なイメージがつかめなくなってしまうなど，4領域すべてにわたって影響する。言語障害は，自分の意見が伝わりにくく，「話す」領域に影響する。視覚障害は，文字の識別困難や行飛ばしなどをもたらし，「読む」，「書く」領域に影響する。視知覚認知障害は，文章の内容理解に困難をもたらし，4領域すべてにわたって影響する。

視知覚認知障害があるため，文字の形を正確にとらえられず，文字欠けや「へん」と「つくり」が逆になったり，似た漢字の区別ができなかったりする場合には，まず「書く」ことについては，音や言葉がけなどの聴覚情報を活用し，位置関係を理解できるように順を追ってとらえさせる指導，例えば，筆順を重視して教える，漢字を部分に分けて教えるなどを行うようにする。「読む」ことについては，教材の見えやすさに配慮し，文字等の拡大，縦書き・横書きの選択，起点の明示，分割提示，文字に線を入れるなどの工夫が考えられる。文章の内容理解が難しい場合には，複数の情報や作業を一度に提示するのではなく，できるだけシンプルにして，段階を追って理解できるような配慮を行い，分割提示や内容が整理しやすいプリントや図を使用して指導するとよい。

2　算数・数学科における指導

上肢の障害は，大きい・小さいなどの算数的な実感の持ちにくさ，筆算・作図・作表・グラフ作成等の学習の困難さ，繰り返し学習の効率が悪く計算等の習熟の困難さをもたらす。体幹保持困難や下肢の障害は，筆記作業に時間的空間的制約をもたらす。さまざまな経験不足や砂遊び・積木遊び等をあまりしていないために具体的操作が未熟であったり，買い物等，数への関心の高まる経験が不足したりしていることが多い。言語障害だけが原因ではないが，読解力不足から，文章題の数学的関係が把握できないこともある。視覚認知障害では，図形の認知や位置関係の把握が難しいことが多い。

図形の認知の困難に対しては，辺や頂点を強調する，図形ごとに色分けするなどの支援で，見えやすくなることも多い。作図の場合は，プリントが動かないように，ゴムマットなどの滑り止めを使用したり，定規を固定したりする配慮が必要である。図 11 - 1 は，筆算の言語化の例である。上肢に障害があると，筆算に時間がかかり，計算の思考プロセスが阻害される。そのため，本人に言語化させ，答えの部分を教師が記入するように工夫するとよい。

$$\begin{array}{r} {}^{1}\;\;{}^{5}\;\;\; \\ 264 \\ -\;\;68 \\ \hline 196 \end{array}$$

264引く68を計算します。

4から8は引けないので，十の位から10借ります。

一の位は，10借りてきたので，14になります。

14引く8は6になります。

一の位の答えは6です。

十の位は，一の位に1あげたので5になります。

5から6は引けないので，百の位から10借りてきます。

十の位は10借りてきたので，15になります。

15引く6は9になります。

十の位の答えは，9です。

百の位は，十の位に1あげたので1になります。

百の位の答えは，1です。

264引く68の答えは，196です。

図11-1　筆算の計算の言語化

3　社会科及び理科における指導

社会科においても，理科においても，上肢の障害や体幹保持困難が及ぼす学習上の困難は，ほかの教科と同じである。児童生徒の経験不足からくる興味・関心の幅の狭さや，時間・数量概念の弱さが，社会科や理科の学習内容の理解を困難にしてしまうことがある。したがって，学習にあたっては，戸外学習，実地調査，観察，実験等，具体的な体験が重要となる。

また，視知覚認知障害等の見えにくさがある児童生徒は，地図，図表の読み取りがたいへん困難である。地図や図表では，必要な情報だけ提示する，コントラストやフォントを工夫することなどが必要である。多くの情報を一度にまとめることに極端に困難を示す場合には，ワークシートの活用が効果的である。

理科の実験は，多くの肢体不自由特別支援学校では，教師が演示するだけで，児童生徒はその様子を見学するだけのことが多いが，できるだけ実験を体験することが必要である。しかし，実験操作自体が困難なことが多く，危険性に対する配慮も必要である。立った状態で作業することが難しい場合も多く，実験器具との距離が近すぎたり，遠すぎたりする状態に陥りやすい。理科室のテーブルの広さ，高さ，机の間の間隔も，車いす使用の児童生徒が実験器具を操作したり，動いたりすることが可能な広さを十分確保する必要がある。

4　図画工作・美術科，音楽科及び技術・家庭科における指導

上肢の操作性の困難，体幹保持の困難，視知覚認知障害等は，これらの教科の学習に困難をもたらす。図画工作・美術の指導では，細かな作業が困難であったり，固い素材や重い素材を造形することが難しかったりする。経験不足のため，発想に偏りがあったり，見えないところを想像しにくかったりすることもある。視知覚認知障害のため，図—地の関係の区別が困難であったり，構造を分析し再構成することが困難であったりする。また，表された絵や立体の構造が，大きくバランスを欠くことがある。形を写すことが難しく，特に立体（三次元）を平面（二次元）に再構成することが困難である。奥行き，方向，長さ等の推量が難しいことも多い。こうしたことから，素材の工夫や使用する器具の工夫が必要である。

音楽では，楽器の演奏に制限が生じ，特に鍵盤ハーモニカやリコーダーの演奏では，細かな指の動きと呼吸のコントロールが必要であり，習得が難しい。これらの楽器に替えて打楽器を用いることが多いが，タブレット端末のデジタル楽器等を活用して演奏している例もある。歌唱では，呼吸コントロールや発声に難しさがある場合，無理なく発声でき

る姿勢を工夫する必要がある。

技術・家庭科は，日常的な生活場面と結び付いて展開される教科である。そのため，肢体不自由がある児童生徒の場合には，生活における行動範囲や活動範囲が限られており，日常的な生活経験が乏しいため，教科の内容が伝わりにくいことが多々見受けられる。そのほか，他の教科と同様の配慮が必要であるが，作業の際の手順などは，手順の一つずつを，本人が確認できるように進めていくことが必要である。

5　保健体育科における指導

肢体不自由があると，次に述べるようなさまざまな影響がある。投げる，打つことが難しい，力のコントロールが困難である，車いす・ウォーカー・補装靴・独歩による移動スピードが遅い，素早い動きが難しい，段差・坂による移動制限がある。そのため，活動場所に制限が生じる。身体が疲れやすく，長時間の活動が難しい。言語障害のために，ゲーム中の意思疎通がうまくできない。動きと言葉が一致しない，ボディーイメージの未形成，動作模倣の困難などがある。

肢体不自由があるからこそ，身体を動かすことの経験を多く積み，身体を動かすことの楽しさを実感していく必要がある。指導にあたっては，自己の身体をイメージできないため，軸，左右，高低などを言葉で確認しながら進めることが大切である。言葉で運動の情報を伝える際には，短いキーワードで指示することが有効である。そして，言葉と対応して動きを実感させ，再度自分自身の言葉に置き換えるなどして，言葉と実際の動作が一致するようにするなどの工夫を行うことが必要である。

ゲームなどでは，個々の障害の状態に応じて個別にルールを設けることも多い。

6　英語科における指導

英語には，「聞く」，「話す」，「読む」，「書く」の 4 技能が必要である。基本的な配慮事項は，国語の場合と同様であるが，特に中学校進学時には，初めて教科としての英語と出会うため，英語に対する興味や関心が，種々の障害特性のために小さくならないように配慮する必要がある。「聞く」ことでは，無理なく聞くことのできる姿勢に配慮することが大切である。「話す」ことでは，特に緊張して話せない場合もあるので，class room English など，定型的なやり取りに十分に時間をかけ，音声化に対する抵抗感をなくし，自信をつけさせることが重要である。「読む」，「書く」では，視知覚認知障害がある場合には，他の教科と同様，見えにくさに対する対応が必要である。

学習課題

◆教科ごとに，見えにくさや手や体幹の不自由さがあると，どのくらい学習しにくいのかを考えてみよう。

引用・参考文献

1） 筑波大学附属桐が丘特別支援学校『肢体不自由教育の理念と実践』（ジアース教育新社，2009）
2） 筑波大学附属桐が丘特別支援学校『「わかる」授業のための手だて―子どもに「できた！」を実感させる指導の実際―』（ジアース教育新社，2011）

12 重複障害児の理解

長沼俊夫

《**目標&ポイント**》 本章では，重度の肢体不自由に併せて，重度の知的障害のある児童生徒の特性を理解し，指導の際に必要な配慮について考える。また，学校や在宅等で日常的に行われている，痰の吸引・経管栄養等の医療的ケアについて，概要を理解する。
《**キーワード**》 重複障害，重度・重複障害児，重度・重複障害児の特性，医療的ケア

第1節　重複障害児とは

1　重複障害

「重複障害児」とは，「複数の種類の障害を併せ有する（幼児）児童又は生徒」（特別支援学校幼稚部教育要領　第1章総則の第6の2，同小学部・中学部学習指導要領第1章総則第5節1の(6)，同高等部学習指導要領第1章総則第2節第5款1の(8)）のことであり，視覚障害，聴覚障害，知的障害，肢体不自由及び病弱について，原則的には学校教育法施行令第22条の3において規定している程度の障害を複数の種類併せ有する者を指している。しかし，実際の指導にあたっては，その必要性から必ずしもこれに限定される必要はなく，言語障害，自閉症や情緒障害などを併せ有する場合も含めて考えてよいことになっている。

2　重度・重複障害

重複障害児には，感覚障害と知的障害を伴っている者や感覚障害と肢体不自由を伴っている者，肢体不自由と常時医療的なケアを要する者などがいて，その障害の様相は多岐にわたっている。さらに，こうした重複障害児は，その障害の程度が重度な場合も多く，特別支援教育の分野では，「重度・重複障害児」という用語を用いる。

「重度・重複障害」の概念については，昭和50（1975）年3月，特殊教育の改善に関する調査研究会により「重度・重複障害児に対する学校教育の在り方」が報告され，この中で重度・重複障害児の範囲を，a）学校教育法施行令第22条の2（現行の第22条の3）に規定する障害を二つ以上併せ有する者，b）発達的側面から見て，精神発達の遅れが著しく，自他の意思の交換及び環境への適応が著しく困難な者，c）行動的側面から見て，多動的傾向等問題行動が著しい者で常時介護を必要とする程度の者を加える，と規定している。このことから，重度・重複障害の概念は，重度の障害が重複しているだけでなく，発達的側面や行動的側面からも規定していることに留意しておくべきである。

この章では，特別支援学校（肢体不自由）に多く在学している，重度の肢体不自由に併せて，重度の知的障害のある児童生徒の指導について概説する。

3　重複障害のもたらす種々の困難

障害による学習上または生活上の困難を改善・克服するための指導を考える際には，障害が重複することによる種々の困難について的確にとらえることが必要である。

重複障害がもたらす困難については，以下の三点に分けて整理することができる。

1）重複した障害の一つ一つがもたらす困難

比較的軽度な障害を重複して有する場合で，例えば，弱視と片方の下肢に軽いまひがある場合などである。視覚の活用を中心とした指導と下肢の不自由さに配慮した歩行の安定を組み合わせた指導が考えられる。このように一つ一つの障害にかかる配慮事項を参考にしながら，対象児の様子を丁寧に観察することにより，どのような困難があり，どのような支援や指導が必要かの手がかりを得ることができる。

2）障害が重複することで追加・増幅される困難

特に重度の障害が重複すると，単に困難が加算的に追加されるだけではなく，相乗的に増幅されるということである。その理由は，単一障害の場合に用いられる支援方法の多くが，障害を受けていない他の機能に依存あるいは他の機能によって補われているからである。例えば，全盲と四肢にまひがあり歩行ができない場合などである。移動する際に，白杖での歩行も電動車いすによる移動も障害が重複することでできなくなる。学習においても，肢体不自由のために自らの動きを通して体験することが困難な場合は，視覚や聴覚などの他の感覚を使っての観察や視聴覚教材を活用することで補うことが，視覚障害を併せ有することで困難となる。

これら複数の障害により追加・増幅された困難を乗り越えていくためには，一つ一つの障害についての整理だけではなく，複数の障害が重複するために新たに生じる困難を整理する必要がある。その上で，確実に届く情報の提供，表現しやすいコミュニケーション方法の選択，理解を助ける教材・教具の用意などを行うことが不可欠になる。

3）重複障害がもたらす困難を理解していないために，周囲の人が不適切な関わりをしてしまうことでもたらされる困難

重複障害の様相は極めて多岐にわたる。そのため，重複障害のある児

童生徒を周囲の人が適切に理解することは，たいへん重要な課題である。しかし，現実には周囲の人が重複障害のもたらす困難を理解していないために，不適切な関わりをして，そのことで重複障害児の困難が増幅する場合が少なくない。特に重度・重複障害のある児童生徒に生じやすい状況である。生活すべてにおいて介助を必要とする状態にあり，しかも周囲にはわかりにくい表現方法しか持っていない場合に，その児童生徒の潜在能力が極めて低く見なされがちになってしまう。また，周囲から「障害の重い子」，「重症児」等のことばでカテゴリー化したイメージで見られ，イメージが先行して一人歩きしてしまっている場合にも，同じように潜在能力が低く見なされてしまうことがある。

私たち人間は，障害のあるなしにかかわらず，生きている限り，主体的に人や環境と関わり合いたいという根源的な欲求を持っている。初めから「重度・重複障害児は…」という視点で関わるのではなく，まずは「一人の人間」として児童生徒と向かい合うということを忘れずに，一人一人の教育的ニーズに応じた教育を実践していくことが大切である。そのためには，その児童生徒の有する困難の背景要因を把握した上で，「できないこと（＝困難）」の羅列ではなく「できないからできそう」につながる道筋を描けるように想像（創造）力を駆使することが指導者には求められる。

第2節　重度・重複障害児の特性

重度・重複障害のある児童生徒には，一般に以下のような特性のある場合が多く，指導に際しては，その実態を十分に把握しておくことが重要である。

1　身体発育

身体発育が順調でない場合が多く，低身長，低体重の児童生徒や身体虚弱の児童生徒が多く見られる。また，骨が細くもろくて骨折しやすい者も少なくない。

2　生理調節機能

- **呼吸機能**：呼吸のリズムが保ちにくく，呼吸が浅かったり，呼吸数が増減しやすかったりする。
- **体温調節機能**：体温調節中枢の発達が未熟で，発汗機能が十分に働かないことから，外気温や湿度の影響を受けやすく，発熱しやすい。また，平熱が 33 ～ 35 度といった低体温の児童生徒も見られる。
- **睡眠・覚醒機能**：睡眠中の呼吸障害やてんかん発作などにより，睡眠と覚醒のリズムが不規則になりやすく，寝つきが悪かったり，昼夜が逆転したりするなどの睡眠障害を伴いやすい。

3　摂食・嚥下機能

口の開閉や口唇による食物の取り込みが困難で，水分を飲むとむせたり，口から食物を押し出したりするなど，食物や水分を摂取する上でさまざまな困難さが生じる。

4　排泄機能

膀胱にためた尿をスムーズに出せないことから，排尿困難や頻尿，尿失禁をきたす。また，習慣性の慢性便秘症になりやすく，浣腸や摘便を必要とする者も多く見られる。

5　認知機能

姿勢や運動をコントロールできないため，①頭部を自由に動かせるように垂直に保持すること，②注意や覚醒水準を高めること，③視覚により志向性をもって見ること，に困難が生じやすい。そのため，認知機能の基盤となる初期感覚である触覚，前庭覚（いわゆる平衡感覚），固有覚（筋肉を使うときや関節の曲げ伸ばしによって生じる感覚）の活用段階にとどまり，視覚認知が未熟な場合が多く見られる。また，初期感覚の機能の問題，例えば触覚が過敏であったり鈍感であったりという児童生徒も少なくない。

6　視機能

脳性まひ児には，その70％に何らかの視覚障害があると推測されている。障害の重い児童生徒においては，「見えているかどうかはっきりしない」という場合も少なくない。こうした児童生徒の多くは，中枢性視覚障害があるといわれ，①まぶしさに敏感であることが少なくないこと，②色知覚が比較的よいこと，③動くものへの反応が比較的よいこと，④周辺視野の反応が比較的よいことなど，さまざまな特徴が国内外の研究で明らかになってきている。

7　運動機能

脳性まひが基礎疾患の児童生徒には，骨格筋の過緊張・低緊張や不随意運動が見られ，姿勢・運動の発達が未熟な場合が多く見られる。また，加齢とともに異常な姿勢や運動が固定化し，脊柱の側弯や胸郭の変形，四肢の関節の変形や筋の拘縮などを併せ有する場合が多く見られる。

8　言語・コミュニケーション機能について

言語の理解や発語，身振りなどで自分の意思や欲求を表すことが難しく，周りの人にとっても相手の表現が理解しにくいため，コミュニケーションを図ることが困難である。また，視覚障害や聴覚障害，行動障害などを伴っている場合には，さらにやりとりが困難になる。

9　人間関係，情緒・社会性

身体の動きや発語に困難があり，自発的な行動を獲得できず，人間関係においても受動的になりやすい。また，感覚の問題で不快を感じても，それを表現する力が弱く，他人から理解されにくいため，人との関係に問題が出てくる場合もある。例えば，光に対するまぶしさを強く感じてしまう場合など，目を閉じて自分にとって不快となる刺激を遮断することが，日中に明るい所では眠ってしまうという行動の形成につながってしまうことなどがある。

第 3 節　重度・重複障害児の指導に必要な工夫と配慮

1　児童生徒の安心につながる工夫

1）人的環境

指導者が児童生徒にとって「なじみの人」になることが児童生徒の安心につながる。指導者を児童生徒にとって区別しやすくするため，衣服，装飾品，髪型などの外見や独特な語りかけや歌や遊具での関わり方などに，指導者の特徴を際立たせる工夫を行い，「あっ〇〇先生だ」と理解してもらえるようにすることが大切である。

2）物的環境

児童生徒の居場所が「なじみの場所」になることが児童生徒の安心につながる。児童生徒がリラックスでき，また楽しめるように遊具や楽器などを常備する。その場所が「私の○○する所だ」と見つけやすいように，その児童生徒にとっての明確な手がかり（色，柄，形，感触，音等）を用意することが効果的である。

3） 活動環境

活動の見通しが多少なりとも実感でき，活動が児童生徒にとってわかりやすく，楽しめるものであることが児童生徒の安心につながる。活動の見通しが持てるように，活動に関連の深い実物，模型，身振り動作，写真，絵，文字などを使い，児童生徒がわかる（わかりそうな）方法を用いて活動の予告を重ねることが大切である。

2 児童生徒のわずかな表出から気持ちを読み取ること

重度・重複障害のある児童生徒としっかり向き合うことで，必ずその児童生徒は表情や微細な動き，身体全体の緊張等，限られた動きの中でも外界に向けて発信をしていることに気付く。そこで指導者はまず，その児童生徒の気持ちが快（受け入れ）であるか，不快（拒否）であるかの読み取りをしながら，その児童生徒の気持ちに沿って関わり方を工夫していく。関わりを「受け入れている」と読み取れたときには，児童生徒の意図を実現する方向で関わり方を展開し，「嫌がっている」と読み取れたときには，その関わりを止めて，児童生徒に受け入れられる方法を探る。特に，関わりの初期の段階では，児童生徒の「ノー」という表出を受け止めて，それに応えることが重要である。児童生徒が「わかってもらえた」と実感できることが，コミュニケーションの力の素となり，人を信頼したり，より自発的な発信力を高めたりする原動力となる。こうしたやりとりを十分に繰り返して，児童生徒と指導者との関係が深まった後に，「嫌なのはわかったよ。でも，一回だけ先生と一緒にやってみようよ」などといった働きかけを行うことが有効である。

重度・重複障害のある児童生徒の中には，笑う，怒る，泣くなどの表情の変化が極めて少なく，視線の動きなども観察できず，指導者の読み取りが困難な場合がある。表情に表せない児童生徒の場合には，他の身体の部位の動きや緊張の具合，息づかいなど普段の様子との違いを観察し，わずかな動きでも，その児童生徒との関わりを持つ周囲の人たちと確認をし合いながら，児童生徒へのフィードバックを丁寧に重ねて，その変化が表出として明確になるように促す。

3　児童生徒自身が表出できることを実感できるようにすること

重度の運動障害がある場合，周囲に働きかける手段が限られるため，自分の起こした行動が周囲の人に影響を及ぼし得ることを実感する経験がとても少ないことがある。したがって，児童生徒が今できる何らかの行動によって明確な結果が生じ，周囲の人がはっきりと応答するような状況を設定することが重要である。例えば，児童生徒が口元を動かしたら，動いた口元に触れて「お話しているんだね」と声をかけるなどする。児童生徒自身が表出できることを実感するために，このようなフィードバックはとても重要である。

4　児童生徒にわかりやすい状況づくり

児童生徒が自ら外界と関わりながら学んでいくために，指導者はその児童生徒が外界へ働きかける糸口となる興味を引き出せるものを準備し，働きかけた結果が児童生徒に戻る「わかりやすい状況」を作る工夫が必要である。重度・重複障害のある児童生徒にとってわかりやすい状況を設定していく上で，教材・教具が重要な役割を果たす。教材・教具は児童生徒とのコミュニケーションを円滑にし，児童生徒の学びを支援することにつながる。

重度・重複障害のある児童生徒が，わかりやすい状況設定の中で学ぶために，必要な観点を挙げる。

1） 児童生徒の興味・関心のあること

重度・重複障害のある児童生徒にとって，受け止められる情報の質と量は限られている。その児童生徒が興味・関心を向けるものだけが意味のある情報となって伝わる。日常の生活の中で，その児童生徒なりに自分で面白いと感じるものを探索しながら，取捨選択していると言える。その意味で，指導者が児童生徒に自由な探索をする場を設定して，注意深く観察し，児童生徒が，何に対して，どのように関わっているかを把握することが大切である。また，指導者として，児童生徒一人一人の興味・関心の多様性に配慮し，幅広い選択肢を用意していくことも必要である。例えば，音楽にもその児童生徒なりの好みがあり，子供だからといって童謡がよいだろうと指導者が固定的な概念で決め付けずに，児童生徒自身が選択できる状況を作ることが必要である。

2） 児童生徒にとっての扱いやすさ

児童生徒が自分の起こした行動とその結果との関連がわかるためには，その児童生徒ができる身体の部位を使って直接関わることができる状況を設定する必要がある。その児童生徒が，できるだけ最少の努力で動かせる身体の部位，その動きの方向と強さに応じた仕かけが重要で，特に動きを起こしにくい重度の運動障害のある児童生徒には，わずかな動きでON・OFFができるスイッチの活用が有効である。また働きかける対象となるものとの距離も重要な要素で，少しずつ身体とものとの距離を広げていくことで，外界を探索する範囲が広がり，移動を促すことにつながる。

3） 感覚障害への配慮

重度・重複障害のある児童生徒の場合，視覚や聴覚などに障害を重複して併せ有することがあり，その児童生徒の見え方や聞こえ方の特徴に応じた配慮を要する。視覚を例にすると，いわゆる視力が弱いだけでなく，視野の狭窄，色覚や光覚（暗順応，明順応）や眼球運動などの諸機能が不十分なためにさまざまな見えにくさがある児童生徒がいて，配慮が必要である。例えば，室内の照明を間接的な照明にしたり，光度を調節したりすることにより眩しさを軽減する，目を向けてほしいものにコントラストのはっきりした縞模様を入れる，背景の色を調節するなどの工夫により，児童生徒にとって対象物が見えやすくなる。

重度の肢体不自由のある児童生徒の場合は，顔の向きを変えたり，提示された教材と自分との距離を自ら調節したりすることが困難な場合が多くある。眼から近ければ見えやすいということではなく，児童生徒の視力や視野に応じた提示物の大きさや位置，明るさやコントラストなどを考慮する必要がある。

視覚や聴覚などのアセスメントについては，特別支援学校（視覚障害，聴覚障害）のセンター的機能を利用するなど，専門的な機関と連携を図ることも大切である。また，視覚，聴覚に限らず，触覚，嗅覚，味覚，固有覚（筋肉や関節の動きを感知），前庭感覚（重力や加速度の感知）など多様な感覚に働きかけていくことが大切である。これらの働きかけには，児童生徒に不快感をもたらすものもあり，それらの働きかけを自ら拒否（遮断）することもある。一人一人の好みを確かめながら，働きかけの質と量を慎重に判断し，調整する必要がある。

4）姿勢への配慮

児童生徒の活動を支える身体の姿勢はとても重要である。例えば，児童生徒がものに手を伸ばすときに，児童生徒は身体全体のバランスを一度崩しながら，姿勢を調整し直そうとする。姿勢を保つという一見静的な状況の中で，実はつねに動的な調整をしている。座位や立位などの重力に抗した姿勢をとることは大切である。自分で姿勢を保てない児童生徒にとっては，姿勢を変えること，または座位や立位になることがわかるような指導が必要である。

5　支援の工夫

重度・重複障害のある児童生徒の自発的な働きかけを促すため，支援の在り方を工夫することが大切であり，次のようなことに心がける必要がある。

・児童生徒が活動のペースを決める（活動の主導権は児童生徒の側にあります）。
・児童生徒の行動を受けてそれに応える（児童生徒の思いに沿った支援が大切です）。
・児童生徒の行動を待つ（障害の重い児童生徒の動き始めは遅いものです）。
・児童生徒に提案する（児童生徒の活動が停滞した場合，別の遊び方や別の活動を示して，様子を見ましょう）。

6　体調が変化しやすい児童生徒への配慮

指導目標や指導内容は，児童生徒の体調が安定しているときを想定して組み立てられている。しかし，重度・重複障害のある児童生徒の中には，体調が変動しやすい者も少なくない。そのため，指導計画に沿った学習活動ができなくなる場合が生じる。

例えば，てんかんの発作があったり，気温や湿度の変化に順応できないために，急に体調が落ち込んだり，活動レベルが低下してしまったりすることがある。1日の中で体調が変動する場合，1週間単位で変動する場合，1年のある季節により体調が悪くなる場合など，変動のサイクルはさまざまである。また，体調の悪い状態から回復して，再び元気な状態になるのにどれくらい時間がかかるのかにも大きな個人差がある。こうした児童生徒の指導では，日頃から彼らの体調の変化を表情やバイタルサイン（体温，脈拍，呼吸，血圧）を通してよく把握できるようにするとともに，その時々の児童生徒の体調に合わせた指導を行うことが必要となる。その時々の体調によって，柔軟に，そして的確に活動目標を調整していくことが大切である。

第 4 節　医療的ケア

1　医療的ケアとは

学校や在宅生活の中で，日常的に痰の吸引や注入による経管栄養などが必要な児童生徒がいる。これらの対応は医療的ケアと呼ばれ，看護師が行うことが原則である。医師免許や看護師等の免許を持たない者は，医行為を反復継続する意思をもって行うことはできないが，平成 24（2012）年度の制度改正により，看護師等の免許を有しない者も，医行為のうち，痰の吸引等の 5 つの特定行為に限り，研修を修了し，都道府県知事に認定された場合には，「認定特定行為業務従事者」として，一定の条件の下で制度上実施できることとなった。医療的ケアは，こうした制度の下で学校の実情に応じて，教員により実施されている。学校において行われる医療的ケアの例を表 12 - 1 に示す。詳しくは，「特別支援学校における医療的ケアの今後の対応について」（平成 23〈2011〉年 12 月 20 日付けの文部科学省初等中等教育局長通知）に示されている。

表 12 - 1　学校において行われる医療的ケアの例

医療的ケアの例	
栄　養	●経管栄養（鼻腔に留置されている管からの注入）
	●経管栄養（胃ろうまたは腸ろう）
	経管栄養（口腔ネラトン法）
	IVH 中心静脈栄養
呼　吸	●口腔内吸引（咽頭より手前まで）
	●鼻腔内吸引（咽頭より手前まで）
	口腔・鼻腔吸引（咽頭より奥の気道）
	経鼻咽頭エアウェイ内吸引
	●気管切開部（気管カニューレ内）からの吸引
	気管切開部（気管カニューレ奥）からの吸引
	ネブライザー等による薬液（気管支拡張剤等）の吸入
	経鼻咽頭エアウェイの装着
	酸素療法
	人工呼吸器の使用
排　泄	導尿（介助）

●：教員等が行うことができる医療的ケア（特定行為）

2　特別支援学校における医療的ケアの実施にあたって

特別支援学校において，日常的に医療的ケアを必要とする幼児児童生徒数は，文部科学省の調査によると訪問教育を受けている者を含め 8,218 人いる。特別支援学校の在学者数は，137,284 人（いずれも平成 29〈2017〉年 5 月 1 日現在の状況）であるので，特別支援学校に在学している幼児児童生徒全体の実に 6.0％の幼児児童生徒が，何らかの医療的ケアを必要としている。この特別支援学校における医療的ケアは，看護師 1,807 人，教員（特定行為業務従事者）4,374 人が行っている。さらに，特別支援学級在籍者も含め，小学校・中学校において日常的に医療的ケアが必要な児童生徒数は，858 人（小学校 744 人，中学校 114 人，いずれも平成 29〈2017〉年 5 月 1 日現在の状況）で，看護師 553 人が医療的ケアを行っている。

これまで，医療的ケアが実施されることにより，子供の生活リズムが安定したり，授業の継続性が保たれたりして，子供の成長につながっていることなどが報告されている。

特別支援学校において医療的ケアを行うにあたって，特に配慮が必要なのは，安全の確保と保護者との関係である。

1）安全の確保

- 看護師等との連携，実施内容等を記載した計画書や報告書，危機管理への対応を含んだ個別マニュアルの作成など，法令等で定められた安全確保措置について十分な対策を講じること。
- 主治医等からの指示書に加えて，学校医，医療安全を確保するという立場から主治医の了承のもとに指導を行う医師（指導医）に指導を求めること。
- 特別支援学校において学校長を中心にした組織的な体制を整備するにあたり，安全委員会の設置と運営等に際しては，学校医または指導医に指導を求めること。

2） 保護者との関係

・看護師及び教員等による対応にあたっては，保護者から，学校への依頼と当該学校で実施することへの同意について，書面で提出してもらうこと。なお，保護者が書面による提出をするにあたっては，看護師及び教員等の対応能力には限りがあることや，児童生徒等の健康状態が優れない場合の無理な登校は適当でないこと等について，学校が保護者に十分説明の上，保護者がこの点について認識し，相互に連携協力することが必要であること。

・健康状態について十分把握できるよう，事前に保護者から対象となる児童生徒等に関する病状について説明を受けておくこと。

・登校後の健康状態に異常が認められた場合，保護者に速やかに連絡をとり，対応について相談すること。

学習課題

◆見ること，聞くこと，歩くこと，話すことなどの一つ一つが困難な（できない）状態を想定して，自身の困ることを考えてみよう。その上で，これらの困難が複数合わさった場合の状態も考えてみよう。

引用・参考文献

1）独立行政法人国立特別支援教育総合研究所（編）『特別支援教育の基礎・基本 新訂版―共生社会の形成に向けたインクルーシブ教育システムの構築―』（ジアース教育新社，2015）
2）文部科学省『特別支援学校教育要領・学習指導要領解説自立活動編（幼稚部・小学部・中学部）』（開隆堂，2018）
3）下山直人（編）『重複障害教育ハンドブック』（全国心身障害児福祉財団，2009）
4）姉崎弘『特別支援学校における重度・重複障害児の教育』（大学教育出版，2007）
5）文部科学省『特別支援学校等における医療的ケアの今後の対応について』，2011

13　重複障害児の指導

長沼俊夫

《目標＆ポイント》 本章では，重度の肢体不自由に併せて重度の知的障害のある児童生徒の個別の指導計画の作成について理解する。その上で，健康の保持・増進を中心に，生活の中で重要な食べること，排泄することや認知やコミュニケーションを育む指導の実際を学習する。また，指導の評価についても考える。

《キーワード》 重度・重複障害児，個別の指導計画，実態把握，健康の保持，摂食指導，排泄指導，認知・コミュニケーション，指導の評価

第1節　個別の指導計画の作成

1　個別の指導計画

障害のある児童生徒は，実態が多様であることから，個に応じた指導を重視する必要がある。特別支援学校では，従前から全ての児童生徒について自立活動及び各教科等にわたり「個別の指導計画」の作成が義務付けられてきたが，平成29（2017）年の学習指導要領改訂において，特別支援学級及び通級による指導においても，全ての児童生徒について作成することとなった。

とりわけ一人一人の障害の状態が極めて多様であり，発達の諸側面にも不均衡が大きい重度・重複障害児の指導にあたっては，個別の指導計画が適切に作成され，それを活用した指導の充実が図られるよう実態把握から評価・改善にわたるプロセスを工夫することが大切である。

2　重度・重複障害児に対する個別の指導計画の作成

1）実態把握

適切な指導を行うには，まずは的確な実態把握が必要である。実態把握をする場合，教育的，心理的，医学的な側面からの情報を収集するだけでなく，保護者やその他関連機関等からの情報を得るとともに，実際に児童生徒と関わる中で行動観察をしていく。重度・重複障害児の場合には，医学的情報や所見，感覚機能の評価，発達の評価，生活場面での様子の把握が特に重要である。

①　医学的情報や所見

障害の状態や配慮事項を医学的情報から得ることは，たいへん重要である。脳障害のある場合などは，障害の発生の原因がいつ，何によるか，そして，脳のどの部分に障害が及んでいるか等の情報は，感覚機能や知的機能のアセスメントにあたって有用な情報となる。また，健康と安全への配慮が必要な重度・重複障害児にとって，医学的情報や所見の把握は，必須と言える。

②　感覚機能の評価

重度・重複障害児では，その障害の重さから，視覚や聴覚等の感覚機能の評価がひじょうに難しい場合がある。特に，視覚は，高次の情報処理を担う感覚のため，評価することが困難である。しかし，見えているかどうか，聞こえているかどうかを適切に評価することなしに，児童生徒に効果的な指導を日々行うことは困難であろう。評価にあたっては，眼科医，耳鼻科医，視能訓練士，言語聴覚士などとの連携が必要である。

③　発達的視点に立った評価

標準化された発達検査等を用いると，発達のキーポイントとなる行動を総括的に把握することが可能となる。しかし，重度・重複障害児では，標準化された発達検査や知能検査等を実施しても，その指数から発達の全体像を把握することは困難である。例えば，座位を保持することが困難な子供の運動発達は6か月未満であり，発達検査等において全体的な発達に関する指数を算出すると，暦年齢が高くなるほど運動発達の遅れが全体の指数に影響を及ぼす。指数から得られる対象児の情報は，極めて限定的である。このため，行動観察や聴き取りによる方法が重要となる。行動観察では，自由な活動場面における様子を観察する方法と一定の条件下における様子を観察する方法もある。いずれの場合においても，感覚の使い方，人や物との関わり方，コミュニケーションなど，観察する観点を明確にしたり，チェック表を用意したりするなど事前の準備が必要である。

④　生活場面での様子の把握

環境の変化に順応することが苦手であったり，表出が微細で周囲にはわかりにくかったりする場合が多い重度・重複障害児の行動を理解するには，生活場面での様子から把握することが必要である。観察や聞き取りにより，日常的に児童生徒と関わっている人々からの情報を複数の人で確認し合うことで，より客観性を高め，情報を整理することで児童生徒の行動の意味を解釈していくことが重要である。特に，健康面での配慮が必要な児童生徒においては，「いつもの状態」を把握することで，「いつもと違う状態」を早くキャッチできる。体温，呼吸数や脈拍数などの数値化されたバイタルサインの把握は大切であるが，顔色，表情や呼びかけなどに対する反応の「感じ」から，児童生徒の状態の変化を読み取ることが，指導者には求められる。

また，保護者への聞き取りをする中で，家庭生活で抱えている訴えや願いなどについても知ることができる。

2）　指導目標の設定

適切な個別の指導計画を作成するためには，的確な実態把握に基づいた指導目標の設定が重要である。目標が明確であることで，指導内容を具体的に設定できる。その際に，大切な観点は以下の通りである。

①「発達的視点」を「学習の枠組み」でとらえ直すこと

実態把握には運動・動作，認知，コミュニケーション等の「発達的な視点」によるものが多分に含まれる。目標設定をする際には，これらを「学習の枠組み（具体的な学習活動の基本的要素）」からとらえ直すことが必要となる。具体的にはまず，自立活動の内容を踏まえて発達的な課題を「基本的な行動」や「生活や学習上の困難を改善・克服するために必要な要素」として整理する。例えば，「寝返りは何とかできるが，支えなしで両手を前について座ることが難しい」という運動発達段階の児童がいる。「体幹を支える筋力が弱く座位が不安定」であるということは，本児の基本的な行動であり，生活や学習をする上での困難となる要素であると整理できる。この困難を改善・克服するために「運動する学習で，寝返りや体幹を保持する動きを引き出す粗大運動により，座位保持に必要な力をつける」，「座位保持いすを利用して，体幹を起こした姿勢で学習に取り組める時間を増やす」など具体的な学習や生活場面を想定して目標を設定する。

②「目標」を段階的にとらえること

次に，自立活動の指導目標を段階的に整理する。基礎的課題とは「児童生徒が自信を持って向かえる課題」，中心的課題とは「支援を受けながらも遂行に向けて取り組もうとする課題」，発展的課題とは「中心的課題が遂行できた次の課題」とする。長期目標は発展的課題，短期目標は中心的課題，基礎的課題は地盤を固めて児童生徒の自信や意欲を引き出すための課題，というような整理をすることで，取り組む授業によって，児童生徒の目標を焦点化することができる。

③　各教科等の指導目標との関連付け

児童生徒の障害の状態や発達の程度に応じて学校で教育課程が設定されている。その教科等に従って，実態把握等の情報をもとに目標設定する。各教科等の指導目標と自立活動の指導目標を関連付けながら，1年程度の長期的目標及び1学期程度の短期目標を設定する。

3）　指導内容の設定

①　内容の選定と相互の関連付け

具体的な指導内容の設定にあたっては，学習指導要領に示されている自立活動の内容から必要な項目を選定し，いくつか選定された項目を相互に関連付けて，適切な指導内容を計画することが求められる。

例えば，体幹を支持する力が弱くて座位保持は難しいが，上肢の操作は何とかできる児童が，「遊びたいおもちゃをカードで選ぶ」ことを目標とした指導を考えてみる。この場合は，見て選ぶことを指導するのであるから，自立活動の内容の「4．環境の把握」の中の「(4)感覚を総合的に活用した周囲の状況についての把握と状況に応じた行動に関すること」，「(5)認知や行動の手がかりとなる概念の形成に関すること」が中心的な指導内容になる。しかし，これだけでは十分ではない。カードを選ぶ上肢の動作を円滑にできること，座位保持が難しいことに対する工夫も必要となる。つまり，「5．身体の動き」の中の「(1)姿勢と運動・動作の基本的技能に関すること」や「(2)姿勢保持と運動・動作の補助的手段の活用に関すること」の指導内容を検討しなければならない。さらには，言葉の理解や集中力の持続など，本児の実態を踏まえて「6．コミュニケーション」や「2．心理的な安定」に関する指導内容を検討する必要もある。〈p.122，表8 - 1参照〉

このように，指導目標に対して，必要な内容を選定した上でそれらを関連付けて指導することが重要である。

②　具体的な指導内容を設定する際の留意点

自立活動の指導内容を設定する際の留意点として，学習指導要領には次の6点が示されている。

ア　児童又は生徒が興味をもって主体的に取り組み，成就感を味わうとともに自己を肯定的にとらえることができるような指導内容を取り上げること。

イ　児童又は生徒が，障害による学習上又は生活上の困難を改善・克服しようとする意欲を高めることができるような指導内容を重点的に取り上げること。

ウ　個々の児童又は生徒が，発達の遅れている側面を補うために，発達の進んでいる側面をさらに伸ばすような指導内容を取り上げること。

エ　個々の児童又は生徒が，活動しやすいように自ら環境を整えたり，必要に応じて周囲の人に支援を求めたりすることができるような指導内容も計画的に取り上げること。

オ　個々の児童又は生徒に対し，自己選択・自己決定する機会を設けることによって，思考・判断・表現する力を高めることができるような指導内容を取り上げること。

カ　個々の児童又は生徒が，自立活動の学習の意味を将来の自立や社会参加に必要な資質・能力との関係において理解し，取り組めるような指導内容を取り上げること。

自立活動の目標にある児童生徒にとっての「自立」を目指した「主体的な取り組み」が効果的に指導されるために，個別に設定する指導内容について，これらの観点から検討する必要がある。

また，指導内容を設定する際には，併せて指導形態，教材・教具や支援機器の活用など具体的な指導の方法を計画する。そうすることで，指導方法について，実際の指導での状況を評価に活かすことが大切である。

第2節　重度・重複障害のある児童生徒の指導

1　健康の保持・増進を図る指導

健康であるためには，適度な運動と休養のバランスをとり，外界からの働きかけを受け止め，精神活動を活発にすることが大切である。例えば，寝たきりの状態の児童生徒の場合でも，負担加重にならない範囲でできるだけ上体を起こし，座位保持いすなどで座位姿勢をとることや，定時に体位を変換し，スキンシップを十分に行うことなどは，継続的に行いたい指導である。音楽や歌に合わせて全身のマッサージや体操をしたり，トランポリンなどの遊具を用いて身体を揺らしたりするなど，さまざまな感覚を刺激して，児童生徒が心地よさを味わうことができる活動がたいへん有用である。

また，身体で動かすことが可能な部位を用いてスイッチ操作を行い，自分の行動の結果がおもちゃを動かしたり，音楽を奏でたりできることを学ぶことで，自発的な行動を促し，人や物への興味や関心を育むことができる。こうした，外界へ働きかける力は，学習の意欲の向上にもつながり，健康の保持・増進への原動力となる。

2　食事の指導

「食べる」という行為は，人間にとって生命や健康を維持し，楽しさや喜びを感じる貴重なひとときである。まずは，児童生徒の食べる「機能」を的確に把握し，安全に食べることができるようにすることが求められる。その上で，五感を使いながら，一緒に食べる指導者とのコミュニケーションを深めたり，児童生徒の意欲や主体性を育てていく学習活動として取り組んだりすることが大切である。

1）食物の形態

児童生徒の摂食・嚥下障害の程度がどのレベルにあるのかを把握し，その実態に応じた食物形態を用意することが必要である。普通食が困難な場合には，きざみ食やとろみをつけた食物，ミキサーでペースト状にした食物などを用意する。この場合でも，栄養のバランスや味付け，さらには，おいしそうな見た目も大切にすることが必要である。また，水分は固形食品に比べて摂取が難しく，むせたり誤嚥したりしやすいので，とろみを付けたりアイソトニックゼリー（電解質を含む水分補給食品）などで水分補給したりする必要がある場合もある。

2）姿勢

食事のときに正しい姿勢をとることは，食物が口から食道へ安全に通過するために極めて重要である。座位で頭部と体幹をわずかに前傾させる姿勢が基本であるが，児童生徒によってはこの姿勢を保持することが困難な場合もある。寝たきりの姿勢から，ベッドの頭部を 15 ～ 30 度ほど上げ，頭を少し前屈気味にし，腰に枕をあてるなどして体幹を支持するなど，無理のない状態から少しずつ姿勢を起こしていけるように指導することが大切である。体幹を 45 度くらいに起こす姿勢を保つことができれば，摂食機能を十分に発揮でき，胃液の逆流による食道炎の予防にもつながる。

3）介助による食事の指導での配慮事項

唇を使って取り込む力が弱い児童生徒場合には，ボール部の平らなスプーンを使用する。そして，以下のような手順で，丁寧に食べる動作を促す指導が大切である。

① **予告する**：児童生徒にこれから食べることを伝え，食べ物を見せ，匂いをかがせる。

② **スプーンを運ぶ**：スプーンを児童生徒の目線より下から持ってい

き，スプーンの食物を見せると，姿勢が少し前かがみになって首の前方部の筋緊張が緩み，飲み込みやすい姿勢になる。

③ **開口を待つ**：児童生徒が口を開けるのを待つ。口を大きく開きすぎる場合は，顎をコントロールして援助する。

④ **取り込みを待つ**：児童生徒が口を開けたら下唇にスプーンを置いて，上唇を下ろして食物を取り込むのを待つ。取り込みが難しいときは，上唇を下ろし，顎を閉じるのを援助する。

⑤ **嚥下を促す**：顎の動きを阻害しないようにし，唇を閉じているように援助する。１回ごとに確実に食物を飲み込んだのを確認してから，次に進む。

どこまで児童生徒ができるのか，どこから援助するかをよく見極めて，援助は必要最低限にすることが大切である。その際に，機能面にばかりに注意を向けず，リラックスした環境を作り，食べる意欲を高め，児童生徒が楽しい雰囲気で食べられるように心がけることが重要である。

3　排泄の指導

排泄の指導は，食事の指導と同様に，児童生徒自身の実態を把握することはもちろん，家庭を中心とする生活における人的（支援する人）環境，物的（施設・設備など）環境や，卒業後の生活も視野に入れて総合的に把握することが求められる指導である。そして，指導は個別的，継続的に行い，個々の自立活動の指導のねらいと内容を踏まえて，効果的な取り組みが行われるようにすることが大切である。以下に，指導において大切にしたいポイントを，自立活動の指導の内容と関連させ，安全に指導するために必要な事項を挙げる。

1）自立活動の内容と関連させて整理した指導内容

① **健康の保持**：健康のバロメーターとして，回数，量，状態などを

把握すること。

② **心理的な安定**：安定した健康状態を基盤にして，「快」の感情を呼び起こす。不安や抵抗感を軽減し，ほめ方の工夫などで意欲の向上につなげること。

③ **人間関係の形成**：指導者とのラポートを基本として信頼感を持ち，他者の働きかけを受け止め，応ずるようにすること。

④ **環境の把握**：言葉かけに加えて，サインや絵カードなどを活用すること（落ち着いて集中できるための工夫)。

⑤ **身体の動き**：本人の主体的な動作を促すこと。補助用具を活用すること。支援者が無理なく安全に関われる工夫を開発すること。

⑥ **コミュニケーション**：「イエス・ノー」の明確化。ノンバーバル（アイコンタクト，身体接触，歌など）なコミュニケーションを活用すること。

排泄の指導において，日々の繰り返しの中では，取り組みがマンネリ化して，指導の成果がとらえにくくなってしまうこともある。排泄指導の成果を，ここに挙げたポイントを参考にチェックして，指導が「目標」に向かって前進しているのか，改善・工夫を要するのかを，保護者や一緒に指導を担当している教員と適宜話し合うことが大切である。

2） 安全に指導するために大切な事項

特別支援学校（肢体不自由）で起こる事故の発生場所（場面）では，トイレ（排泄指導中）が毎年上位を占めている。一連の指導の流れを，以下の「安全」の視点から見直してみることが大切である。

① 車いすとベッド，便座の位置関係は適切か。

② ベッドの周囲も含めて安全な環境か。

③ ベッド等からの転落防止の対応はあるか。

④ 着替えやおむつの準備をあらかじめしてあるか。

⑤　便座や手すりなどに破損はないか。

このように，手順と環境をしっかり確認することが求められる。また，安全に指導するためには，指導者が安定した姿勢で無理なく支援できるように工夫することも大切である。

4　認知やコミュニケーション能力の発達を促す指導

1）認知の発達を促す指導

姿勢保持や手の操作が困難なことに加えて，視覚の活用が初期の段階で，「何となく見えている」という児童生徒に対しては，意識的・目的的に対象を見る力を育てる指導が大切である。「健康の保持・増進を図る指導」で先述した，初期感覚といわれる触覚，前庭覚（いわゆる平衡感覚），固有覚（筋肉や関節，靱帯からの感覚）や聴覚を用いた指導と平行して，注視や凝視，さらには追視を促す指導に段階的に取り組むことが大切である。もっとも初期の段階では，光る教材を用いることが有効である。光刺激への気付きが十分に育った上で，実物を教材にして注視を促す。また，こうした指導をする際には，適切な姿勢を援助することが重要である。座位等の抗重力姿勢が有効だが，身体の変形・拘縮や呼吸状態などにより座位がとれない場合は，身体の前面で手の操作が少しでもできる姿勢を工夫することで，手の操作活動を促すことが大切である。

2）コミュニケーションの発達を促す指導

障害のある児童生徒の多くも，「ことば」は話さなくても，身ぶりや表情，発声などで自分の気持ちを伝えようとしている。しかし，障害の重い児童生徒の場合，応答のサインが弱く，「サインを出したのかどうかがはっきりしない」ことは少なくない。また，サインらしき発信をしていても，サインを出したときに視線が他を向いていたり，サインを出すタイミングが遅かったりするために，指導者はサインとして判断することに困難を感じる。このような児童生徒と「やりとり」を深めていくためには，指導者は児童生徒の動きや呼吸のリズムを感じとり，そのペースに合わせていくことが大切である。こうして，児童生徒の微細な動きに集中して見えてきた行動から，意図や気持ちを推測して「やりとり」に慣れていくことが有効である。その際には，指導者の側も「はっきりとした声かけ」や「わかりやすい身ぶり」を意識して伝えることが重要である。特に，「これから使うものを見せながら話しかける」といった配慮は，指導者の意図が児童生徒に伝わりやすい。

第3節　重度・重複障害児に対する指導の評価と改善

1　児童生徒の学習評価の留意点

的確な学習評価をするためには，指導目標を設定する段階において，実態把握に即して，その到達状況を具体的にとらえておくことが必要である。的確な実態把握に基づいた目標設定をすることで，初めて指導の意図が明確な学習活動を展開することができる。設定した目標の達成がひじょうに困難であったり，逆に容易に達成できたりする場合には，目標設定が適切かどうかを検討する必要がある。

2　指導の改善につながる評価

指導と評価は一体であるといわれるように，児童生徒の学習評価とともに教師側の指導についての評価が重要である。指導計画は当初の仮説に基づいて立てられた見通しであり，実際の指導を通してこそ，その児童生徒にとって適切な計画であるのかどうかが明確になる。「指導目標の設定は適切であったか」，「目標に照らして，指導内容は適切だったか」，「教員の働きかけは適切だったか」，「教材教具や支援機器の利用は適切であったか」,「学習活動の実施順序や時間配分は適切であったか」など，観点を具体的に決めて，検討することが大切である。

学習課題

◆自分から意思を伝えることが困難で，食べることや排泄することを支援される立場を想定して，支援してくれる相手に何を望むか，考えてみよう。

引用・参考文献

1） 長沼俊夫「自立活動の指導の考え方と個別の指導計画」，分藤賢之（編）『新重複障害教育実践ハンドブック』（全国心身障害児福祉財団，2015）

2） 文部科学省『特別支援学校教育要領・学習指導要領解説自立活動編（幼稚部・小学部・中学部）』（開隆堂，2018）

3） 阿部晴美「食べる機能の理解と指導のポイント」，下山直人（編）『重複障害教育実践ハンドブック』（全国心身障害児福祉財団，2009）

4） 長沼俊夫「排泄指導の進め方」（日本肢体不自由教育研究会『肢体不自由教育188号』，2008）

5） 長沼俊夫「重複障害教育における自立活動の計画・実践・評価・改善」，下山直人（編）『新しい自立活動の実践ハンドブック』（全国心身障害児福祉財団，2011）

6） 姉崎弘『特別支援学校における重度・重複障害児の教育』（大学教育出版，2007）

14 キャリア教育と進路指導

長沼俊夫

《**目標＆ポイント**》 キャリア教育は，従来の進路指導とほぼ同義であるが，「生きる力の伸張を目指す」ことを重要視している。本章では，児童生徒の自立と社会参加に向けた教育活動であるキャリア教育と進路指導について概観する。また，一人一人の教育的ニーズに応じた適切な指導や必要な支援を行うために，重要なツールである個別の教育支援計画について，学んでいく。
《**キーワード**》 キャリア教育，進路指導，生きる力，個別の教育支援計画，連携

第１節　肢体不自由児の進路指導

1　進路指導の定義と意義

進路指導とは，「生徒の個人資料，進路情報，啓発的経験および相談を通じて，生徒自ら，将来の進路の選択，計画をし，就職または進学して，さらにその後の生活によりよく適応し，進歩する能力を伸長するように，教師が組織的，継続的に援助する過程である。」（文部省『進路指導の手引―中学校学級担任編』日本職業指導協会，1961 年）。この進路指導の定義は，策定後約半世紀を経た今日でもなお継続して用いられている。本来の進路指導は，卒業時の進路をどう選択するかを含めて，さらにどういう人間になり，どう生きていくことが望ましいのかといった長期的展望に立って指導・援助するという意味で「生き方の指導」ともいえる教育活動なのである。

現在の社会状況は，ノーマライゼーションの理念が浸透し，障害者の権利に関する条約が批准されたことにより，人々に対する社会の認識が変わり，また，科学の進歩によって障害の状態を補償するための支援機器やICT（通信・情報技術）の開発が進んでいる。障害がある場合には，高等学校，大学等の入学試験，そして司法試験等における試験時間の延長や試験問題の代読，また，パソコンの利用などの個人のニーズに応じた措置がとられるようになり，社会環境でもユニバーサルデザインの考えに基づくバリアフリー化が進んでいる。これらを通じ，手足や体幹に運動機能上の困難があっても，社会に主体的に参加し，自己実現をしていくことが可能になってきた。就職についても，障害者の職業生活における自立の促進を目的として，各都道府県に障害者職業センターが設置され，公共職業安定所と密接な連携をとりながら職業評価，職業指導，職業準備訓練，職域開発援助事業，事業主に対する障害者の雇用管理に関する援助などが行われている。また，「障害者雇用促進法」による障害者雇用，職場適応援助者（ジョブコーチ）による支援，職場適応訓練等，さまざまな制度的な取り組みが行われている。

したがって，社会生活を通じた自己実現への道筋の中で，生徒本人の志望や適性を重視した進路指導のいっそうの充実が求められている。

2　特別支援学校（肢体不自由）高等部卒業生の進路状況

特別支援学校（肢体不自由）高等部卒業者の進路の実態を平成15 (2003) 年度から同29 (2017) 年度で見てみる (表14 - 1)。大学等への「進学者」の比率は，ここ最近5か年で1％台から3％超に漸増している。職業能力開発校・障害者職業能力開発校等の「教育訓練機関等入学者」は，漸減して15年前に比べてほぼ半分に低下している。「就職者」の比率は，約5～12％で推移している。これらに対し，社会福祉施設・身体障害者養護施設・病院・療養所等への入所を内容とする「社会福祉施設・医療機関入所者」は，増加傾向にあり，85％を示している。

これらの背景には，特別支援学校（肢体不自由）に在学する生徒の有する障害が多様化，重度・重複化しているという状況がある。今後，大学等の入試における個人のニーズへの対応に加えて，授業におけるノートテイクや通学や寮生活における支援が充実することで，進学の機会が拡充すること，さらには，重度で重複している障害がある生徒に対してもいっそう進路先が拡大され，社会参加が実現していく取り組みが期待される。

表14-1　特別支援学校(肢体不自由)高等部卒業者の進路(平成15～29年度)

年度	卒業者	進学者	教育訓練機関等	就職者	社会福祉施設・医療機関	その他
15年度	1,895	33(1.7)	86(4.5)	114(6.0)	1,275(67.3)	387(20.4)
16年度	1,884	35(1.9)	87(4.6)	121(6.4)	1,262(67.0)	379(20.1)
17年度	1,981	31(1.6)	96(4.8)	120(6.1)	1,253(63.3)	481(24.3)
18年度	1,939	34(1.8)	93(4.8)	150(7.7)	1,240(64.0)	422(21.8)
19年度	1,967	27(1.4)	70(3.6)	152(7.7)	1,336(67.9)	382(19.4)
20年度	2,223	38(1.7)	77(3.5)	262(11.8)	1,649(74.2)	97(8.9)
21年度	2,278	28(1.2)	71(3.1)	251(11.0)	1,727(75.8)	201(8.8)
22年度	2,619	41(1.6)	100(3.8)	253(9.7)	2,106(80.4)	119(4.5)
23年度	2,778	47(1.7)	88(3.2)	332(12.0)	2,150(77.4)	161(5.8)
24年度	2,785	42(1.5)	99(3.6)	293(10.5)	2,238(80.4)	113(4.1)
25年度	1,772	42(2.4)	49(2.8)	126(7.1)	1,465(82.7)	90(5.1)
26年度	1,790	42(2.3)	51(2.8)	116(6.5)	1,480(82.7)	101(5.6)
27年度	1,829	49(2.9)	32(1.7)	106(5.8)	1,553(84.9)	89(4.9)
28年度	1,838	47(2.6)	43(2.3)	102(5.5)	1,565(85.1)	81(4.4)
29年度	1,856	57(3.1)	42(2.3)	94(5.1)	1,574(84.8)	89(4.8)

※数字は人数，（　）内の数字は当該年度の卒業生に対する割合（％）
（出典：文部科学省「特別支援教育資料」）

第2節　キャリア教育と進路指導

1　キャリア教育の定義と意義

わが国では，キャリア教育の定義としては，『「キャリア教育」とは，「一人一人の社会的・職業的自立に向け，必要な基盤となる能力や態度を育てることを通して，キャリア発達を促す教育」である。キャリア教育は，特定の活動や指導方法に限定されるものではなく，さまざまな教育活動を通して実践されるものであり，人一人の発達や社会人・職業人としての自立を促す視点から，学校教育を構成していくための理念と方向性を示すものである。』(「今後の学校におけるキャリア教育・職業教育の在り方について〈答申〉」平成 23〈2011〉年 1 月 31 日中央教育審議会）が一般的である。

このようなキャリア教育の意義として，次の三つが挙げられる。第一に，一人一人のキャリア発達や自立を促す視点から，学校教育を構成していくための理念と方向性を示すものである。第二に，将来，社会人・職業人として自立していくために発達させるべき能力や態度があるという前提に立って，各学校段階での取り組むべき発達課題を明らかにし，日々の教育活動を通して達成させることを目指すものである。第三に，学校生活と社会生活や職業生活を結び，関連付け，将来の夢と学業を結び付けることにより，各領域の関連する諸活動を体系化し，組織的・計画的に実施することができるよう，各学校が教育課程編成の在り方を見直していくこと，が確認できる。

2　キャリアとキャリア発達とは

キャリアとは，「個々人が生涯にわたって遂行するさまざまな立場や役割の連鎖及びその過程における自己と働くこととの関係付けや価値付けの累積」である。そして，発達とは生涯にわたる変化の過程であり，人が環境に適応する能力を獲得していく過程である。その中で，キャリア発達とは，「社会の中で自分の役割を果たしながら，自分らしい生き方を実現していく過程である」と言える。

キャリア発達に関わる諸能力は，①人間関係形成能力（自他の理解能力，コミュニケーション能力），②情報活用能力（情報収集・探索能力，職業理解能力），③将来設計能力（役割把握・認識能力，計画実行能力），④意思決定能力（選択能力，課題解決能力）の側面でとらえることができる。この諸能力を基に，「仕事に就くこと」に焦点をあて整理したものとして，「基礎的・汎用的能力」がある。「基礎的・汎用的能力」の具体的内容は，①人間関係形成・社会形成能力，②自己理解・自己管理能力，③課題対応能力，④キャリアプランニング能力の四つである。

3　キャリア教育と進路指導

キャリア教育と進路指導はほぼ同義であるが，キャリア教育は包括的な概念であり，進路指導はその中に含まれてキャリア教育の中核をなす。進路指導においては，「進路決定の指導」や，上級学校への進学及び就職等を主眼とした指導が中心となるが，キャリア教育においては，キャリア発達を促す指導と進路決定の指導とが系統的に調和をとって展開されることが重要である。

第3節　特別支援学校（肢体不自由）のキャリア教育

1　自立と社会参加に向けた指導の充実

障害のある子供が自立と社会参加をするために，調和的な発達を支える指導の充実が求められる。特別支援学校学習指導要領には，「児童又は生徒が，学ぶことと自己の将来とのつながりを見通しながら，社会的・職業的自立に向けて必要な基盤となる資質・能力を身に付けていくことができるよう，特別活動を要としつつ各教科等の特質に応じて，キャリア教育の充実を図ること。その中で，中学部においては，生徒が自らの生き方を考え主体的に進路を選択することができるよう，学校の教育活動全体を通じ，組織的かつ計画的な進路指導を行うこと。」（特別支援学校小学部・中学部学習指導要領　第１章・第５節・１(3)）と示されている。本項は，児童生徒に学校で学ぶことと社会との接続を意識させ，一人一人の社会的・職業的自立に向けて必要な基盤となる資質・能力を育み，キャリア発達を促すキャリア教育の充実を図ることを示している。キャリア教育を効果的に展開していくためには，特別活動の学級活動を要としながら，総合的な学習の時間や学校行事，道徳科や各教科における学習，個別指導としての教育相談等の機会を生かしつつ，学校の教育活動全体を通じて必要な資質・能力の育成を図っていく取り組みが重要になる。

2　自己実現の原動力となる「生きる力」を育むために大切な観点

1）ライフ・キャリアと「生きる力」

人は，誕生から乳幼児期，青年期，成人期，そして老年期を通して，その時期にふさわしい適応能力を形成し，社会における自己の立場に応じた役割を果たしていこうとするものである。それが，「自分らしい生き方」である。こうした広い意味でキャリアをとらえる際に，「ライフ・キャリア」という言葉を用いる。望ましい職業観・勤労観を育てることは，キャリア教育の中核であることは，間違いない。しかし，キャリア形成を広くとらえて「ライフ・キャリア」の観点で，障害のある子供の「生きる力」を育むことが，進路指導を進めていく上で重要である。

2）ヨコのつながり

家族の中で，学校あるいは地域社会における仲間集団を始め，いろいろな役割活動の主体的な担い手になることが，広義のキャリア形成につながるものである。さまざまな活動を通して，自己の生き方の設計と経歴をいかに豊かにしていくかという考え方が大切である。その際には，社会の中で他者と，あるいは社会との関係で，充実した人生をどのように築いていくかという「ヨコのつながり」の観点が重要となる。

3）タテのつながり

障害のある生徒の卒業後のキャリア形成を考えるときには，自己理解を深めつつ自己の可能性を最大限に発揮し続けられるように，学校から社会へ，子供から大人への移行の準備を，生徒の主体的な進路学習として「タテのつながり」を組織することが大切である。

3　キャリア教育の充実を図るための工夫

1）毎日の繰り返しで積み上げる重要性

一人一人の児童生徒が何らかの役割や仕事を持ち，成就感を味わうことができるようにすることが大切である。もちろん，児童生徒自身で遂行可能な活動であることが望ましいが，特に重い障害のある児童生徒の場合には，教師の援助を受けながらも達成感，存在感を味わえるようにする工夫が必要である。また，仕事の細分化と明確化や AT（アシスティブ・テクノロジー）の活用などが求められる。学級指導の中での活動をその児童生徒の「役割」として明確に位置付け，継続して学習を積み重ねることが大切である。

2）体験的な活動を重視した学習

体験的な活動は，児童生徒が学習意欲を高め，主体的に学ぶ態度を養い，成就感を体得するのに有効である。各教科や領域の指導において，計画的かつ積極的に体験的な活動を取り入れることが大切である。ただし，体験的な学習でもっとも注意が必要なことは「体験すること」で終わることなく，「体験を通じて学ぶこと」である。肢体不自由のある児童生徒においては，特に個々の実態と課題に即した指導計画の作成が重要になる。

3）地域の資源づくり

特別支援学校に通う児童生徒については，学齢期から地域において，いかに豊かに生活し活動できるかという地域資源づくりがたいへん重要である。「個別の教育支援計画」をいかに活用できているかの指標として，地域の中で児童生徒を取り巻くネットワークがどれだけ広がったかを担任は把握することが必要である。そして，担任は保護者とともに，地域に対して児童生徒や学校への理解啓発に取り組むことが求められる。

4）就業体験（現場実習）の機会の確保

就業体験は，生徒が実際的な知識や技能・技術に触れることにより学習意欲を喚起し，主体的な職業選択の能力や高い職業意識の育成，異世代とのコミュニケーション能力の向上など，教育上たいへん意義の大きな学習である。重い障害があり就職が困難と思われる生徒においても，同様である。特に，重複障害のある生徒の中には，環境の変化に対する適応，過剰刺激からくる心身の負担などを十分に考慮して，段階的，系統的に現場実習を計画することが必要である。

5）情報の活用

進路指導を進める際には，福祉制度や就労支援や地域医療など，生活に関連するさまざまな情報を知っておくことが必要である。進路指導部や特別支援教育コーディネーターである教師との校内連携は当然必要であるが，学級担任としても，福祉制度や地域の社会資源について積極的に学ぶ姿勢が大切である。

第4節　連携を生かす「個別の教育支援計画」

1　個別の教育支援計画とは

「個別の教育支援計画」は，障害のある児童生徒の一人一人のニーズを把握し，長期的な視点で乳幼児期から学校卒業後までを通じて，一貫して適切な支援を行うことを目的として作成されるものである。

1）本人と保護者の苦労と努力を支えるために

保護者の多くは，子供に障害があると気付き，初めはショックで事実を直視できず，子育てや子供の将来への不安に陥る。その後は，精一杯子供と向き合い愛情を注ぎながら，徐々に障害との出会いを受け止めていく。そして，子供の成長につながるようにと医療機関，専門機関などを訪ね，東奔西走することが多い。さまざまな人や機関に相談する中で，子供を取り巻く多くの関係者や関係機関とのつながりができてくることは望ましいことであるが，行く先々で何度も同じ説明を繰り返すことに保護者は疲れ，しかも，その度に異なる判断や指導をされることもあり，混乱や不安，不信感に駆られてしまうこともあるだろう。こうした，保護者の苦労を軽減するためのツールが，「個別の教育支援計画」であると言える。

保護者が，①「自分だけでは解決できなかった悩みを相談できたり，一緒に解決方法を検討しあえたりしてよかった」，②「子供の立場に立って考えることが，とても大切だと実感した」，③「面談で話し合ったことを関係機関につないでもらって助かった」，などと思えることを願って，個別の教育支援計画を作成し，活用することが大切である。

2）障害のある児童生徒の「生活のみちしるべ」としての個別の教育支援計画

障害のある児童生徒の地域での生活が広がり，互いに顔の見える，人と人とのネットワークが生まれてくることで，児童生徒の生活はさらに豊かになる。児童生徒を取り巻くその関係者・関係機関が児童生徒のニーズに応じて支援していく場合，それぞれが情報を共有し，連携し，そして専門性を発揮していかなければならない。その道しるべとなるものが，「個別の教育支援計画」である（永田，2006）。

2　個別の教育支援計画の作成プロセスと記載内容

「個別の教育支援計画」の作成のプロセスと記載する内容は，一般的には，以下の通りである（【　　】で記した事項が，記載内容である）。

(1)　【実態】の把握

本人の障害の状態や発達段階等についての実態把握をすることだけではなく，本人の学校生活，家庭生活，地域生活の実情や関係者・関係機関による支援の現状等，さまざまな実態を把握することが大切である。

(2)　【一人一人のニーズ】の把握

現在の生活や将来の生活についての希望を把握し，地域で豊かな生活が送れるようにするために，教育，福祉，労働等のさまざまな分野から見た本人のニーズを把握する。

(3)　【支援目標】の設定

適切な支援を実施するためには，適切な支援目標の設定が必要である。重要な支援者の一人である保護者の意見を十分に引き出し，児童生徒の実態とニーズを踏まえた支援目標にすることが大切である。具体的支援をするにあたっての支援目標を関係者・関係機関が共通理解することは，計画を作成する上でとても重要である。

(4)　【支援の内容】と【支援を行う者・機関等】の明確化

支援目標の達成のために，実際にどのような支援が必要で可能であるか，児童生徒に関わる教育，福祉，医療，労働等の関係者・関係機関で協議し，支援内容を決定して役割分担する。支援は，計画に明記された関係者・関係機関が実施する。それぞれが責任を持って支援していくためにも，保護者を含め，各関係機関の連絡先・担当者などを明確にしておく必要がある。そして，計画における個人情報は，その関係者・関係機関の範囲で共有する。

(5)　【評価・改訂・引継の内容及び時期】の明確化

計画の作成・実施の状況を踏まえ，必要に応じて評価・改訂・引き継ぎができるよう，その時期を明確にしておく。

3　個別の教育支援計画の活用～連携を生かす～

1）　特別支援教育コーディネーターの役割

特別支援教育コーディネーターは，関係機関との連携を図り，個別の教育支援計画の活用において重要な役割を果たす。学校は，コーディネーターを指名し，校務分掌組織の中に位置付ける必要がある。

2）　支援会議

個別の教育支援計画が実際に協議され，具体的な活用が検討される場が「支援会議」である。支援会議では，児童生徒一人一人を支援するために，関係者・関係機関が役割分担を明確にし，具体的な方策を協議し，個別の教育支援計画を作成したり改訂したりする。

学習課題

◆自分が幼児期から現在に至るまで，周囲の人や社会（家庭，学校，地域など）との関係の中で，どのような影響を受けたり与えたりしてきたかを，振り返ってみよう。

引用・参考文献

1） 独立行政法人国立特別支援教育総合研究所編『特別支援教育の基礎・基本新訂版—共生社会の形成に向けたインクルーシブ教育システムの構築—』（ジアース教育新社，2015）
2） 中央教育審議会『今後の学校教育におけるキャリア教育・職業教育の在り方について（答申）』，2011
3） 日本キャリア教育学会編『キャリア教育概説』（東洋館出版社，2008）
4） 文部科学省『特別支援学校教育要領・学習指導要領解説総則編（幼稚部・小学部・中学部）』（開隆堂，2018）
5） 長沼俊夫「個別の教育支援計画と進路指導」『重複障害教育実践ハンドブック』p.243-259（全国心身障害児福祉財団，2009）
6） 全国特殊学校長会『「個別の教育支援計画」策定・実施・評価の実際—関係者・機関との連携した支援の実際 ビジュアル版—』（ジアース教育新社，2006）

15　新たな取り組みと今後の課題

川間健之介，下山直人，長沼俊夫

《目標＆ポイント》　障害者権利条約の批准に向けた取り組みを契機とする，わが国のインクルーシブ教育システム構築に向けた動向を理解する。また，小学校や中学校における特別支援教育の充実について考え，さらに地域での生活の充実のために学校が取り組んでいることについて理解する。
《キーワード》　障害者権利条約，障害者基本法，インクルーシブ教育システム，障害者差別解消法，合理的配慮，異なる取り扱い

第1節　インクルーシブ教育システムの構築に向けて

1　障害者権利条約と障害者基本法の改正

1）障害者権利条約の批准に向けた経緯

平成26（2014）年1月，わが国は障害者の権利に関する条約（いわゆる「障害者権利条約」）を批准した。障害者権利条約は，障害者の権利の実現のための措置等を規定した国際条約で平成18（2006）年に国際連合総会で採択されていた。この条約の主な内容は，障害に基づくあらゆる差別（合理的配慮の否定を含む）の禁止，障害者が社会に参加し包含されることの促進，条約の実施を監視する枠組みの設置等である。

わが国では，条約の締結に先立ち，国内法の整備を始めとする諸改革が必要とされ，平成21（2009）年に内閣に「障がい者制度改革推進本部」が設置された。同本部の下に，障害当事者団体が多数参加する「障がい者改革推進会議」も設置され，当事者の意見が反映された制度改革

が推進された。こうした経緯を踏まえ，平成23（2011）年障害者基本法の改正，同24（2012）年障害者総合支援法の成立，同25（2013）年障害者差別解消法の成立など，さまざまな法制度の整備が進んだ。

教育分野では，障害者基本法に教育の在り方が規定されるとともに，平成24（2012）年に中央教育審議会から「共生社会の形成に向けたインクルーシブ教育システム構築のための特別支援教育の推進（報告）」が発表された。この報告を受け，国は平成25（2013）年に学校教育法施行令を改正して就学の在り方を見直すとともに，合理的配慮にかかる施策を進めている。

2）インクルーシブ教育システムとは

障害者権利条約の教育に関係する主な条文を以下に示す。

第24条　教育

1　締約国は，教育についての障害者の権利を認める。締約国は，この権利を差別なしに，かつ，機会の均等を基礎として実現するため，障害者を包容するあらゆる段階の教育制度及び生涯学習を確保する。当該教育制度及び生涯学習は，次のことを目的とする。

(a)　人間の潜在能力並びに尊厳及び自己の価値についての意識を十分に発達させ，並びに人権，基本的自由及び人間の多様性の尊重を強化すること。

(b)　障害者が，その人格，才能及び創造力並びに精神的及び身体的な能力をその可能な最大限度まで発達させること。

(c)　障害者が自由な社会に効果的に参加することを可能とすること。

2　締約国は，1の権利の実現に当たり，次のことを確保する。

(a)　障害者が障害に基づいて一般的な教育制度から排除されないこと及び障害のある児童が障害に基づいて無償のかつ義務的な初等

教育から又は中等教育から排除されないこと。
(b) 障害者が，他の者との平等を基礎として，自己の生活する地域において，障害者を包容し，質が高く，かつ，無償の初等教育を享受することができること及び中等教育を享受することができること。
(c) 個人に必要とされる合理的配慮が提供されること。
(d) 障害者が，その効果的な教育を容易にするために必要な支援を一般的な教育制度の下で受けること。
(e) 学問的及び社会的な発達を最大にする環境において，完全な包容という目標に合致する効果的で個別化された支援措置がとられること。

上記1の「障害者を包容する」教育制度は，英文ではinclusive education systemであり，わが国では，「インクルーシブ教育システム」と言われることが多い。以後，本稿でも「インクルーシブ教育システム」を用いる。インクルーシブ教育システムは，一般的に，障害のある者と障害のない者が共に学ぶ仕組みと理解されている。条約では，インクルーシブ教育システムにおいては，(a)人間の潜在能力等に対する意識を十分に発達させ，また人間の多様性の尊重を強化すること，(b)障害者が能力を最大限度まで発達させること，(c)障害者の効果的な社会参加を可能とすること，を目的とするとしている。障害のある者と障害のない者が共に学ぶだけではなく，全ての人の意識や態度に働きかけ，障害者の発達や社会参加を促進する教育を目指しているのである。

また，2では，インクルーシブ教育制度にあたって，障害を理由として一般的な教育制度から排除されないことや合理的配慮の提供が確保されなければならないことが規定されている。ここで，一般的な教育制度とは何を指すのか。その中に特別支援学校が含まれるのだろうか。この点については，文部科学省から外務省に照会され，条約の交渉過程において特別支援学校等での教育も含まれるとの認識が共有されている，と説明されている。

3） 障害者基本法の改正

前述したように障害者権利条約の批准に向けて，わが国では国内の障害者施策について集中的な議論が行われ，それを受けて平成 23（2011）年に障害者基本法の改正が行われた。障害者権利条約第 24 条に規定されたインクルーシブ教育システムの理念を踏まえた教育の在り方についても検討され，以下のように改められた。

第 16 条　国及び地方公共団体は，障害者が，その年齢及び能力に応じ，かつ，その特性を踏まえた十分な教育が受けられるようにするため，可能な限り障害者である児童及び生徒が障害者でない児童及び生徒と共に教育を受けられるよう配慮しつつ，教育の内容及び方法の改善及び充実を図る等必要な施策を講じなければならない。

2　国及び地方公共団体は，前項の目的を達成するため，障害者である児童及び生徒並びにその保護者に対し十分な情報の提供を行うとともに，可能な限りその意向を尊重しなければならない。

3　国及び地方公共団体は，障害者である児童及び生徒と障害者でない児童及び生徒との交流及び共同学習を積極的に進めることによつて，その相互理解を促進しなければならない。

4　国及び地方公共団体は，障害者の教育に関し，調査及び研究並びに人材の確保及び資質の向上，適切な教材等の提供，学校施設の整備その他の環境の整備を促進しなければならない。

障害者の年齢及び能力等に応じて十分な教育が受けられるようにする

ことは，従前から規定されていた。新たに加えられたのは，「可能な限り障害者である児童及び生徒が障害者でない児童及び生徒と共に教育を受けられるよう配慮」することである。十分な教育を行うという目的のために，共に教育することを可能な限り実現することとなった。第 2 項は，新たに追加された。障害者本人と保護者に十分な情報を提供し，可能な限りその意向を尊重することが義務付けられた。これを受けて，後述の就学先決定の仕組みが見直された。第 3 項の交流及び共同学習の規定は，従前と変わっていない。わが国おいては，交流及び共同学習もインクルーシブ教育システムの一環として位置付けられたことになる。第 4 項の教材の確保については，従前から同趣旨の規定があったが，人材の確保及び資質向上が付け加えられた。インクルーシブ教育制度の構築にあたり，教職員等の人材確保の必要性が浮き彫りになってきたことを反映したものと言えよう。

2　インクルーシブ教育システムの構築に向けて

1）　わが国おけるインクルーシブ教育システムの在り方

平成 24（2012）年 7 月，中央教育審議会初等中等教育分科会は「共生社会の形成に向けたインクルーシブ教育システム構築のための特別支援教育の推進（報告）」を発表した。障害者権利条約及び障害者基本法の改正を受けて，わが国におけるインクルーシブ教育システムの理念を踏まえた教育制度の在り方について審議し，その結果を取りまとめたものである。同報告の中で重要だと思われる点を以下に列挙する。

① 共生社会の形成に向けて，障害者の権利に関する条約に基づくインクルーシブ教育システムの理念が重要であり，その構築のため，特別支援教育を着実に進めていく必要がある。

② インクルーシブ教育システムにおいては，同じ場で共に学ぶことを

追求するとともに，個別の教育的ニーズのある幼児児童生徒に対して，自立と社会参加を見据えて，その時点で教育的ニーズに最も的確に応える指導を提供できる，多様で柔軟な仕組みを整備することが重要である。小・中学校における通常の学級，通級による指導，特別支援学級，特別支援学校といった，連続性のある「多様な学びの場」を用意しておくことが必要である。

③　基本的な方向性としては，障害のある子どもと障害のない子どもが，できるだけ同じ場で共に学ぶことを目指すべきである。その場合には，それぞれの子どもが，授業内容が分かり学習活動に参加している実感・達成感を持ちながら，充実した時間を過ごしつつ，生きる力を身に付けていけるかどうか，これが最も本質的な視点であり，そのための環境整備が必要である。

④　就学基準に該当する障害のある子どもは特別支援学校に原則就学するという従来の就学先決定の仕組みを改め，障害の状態，本人の教育的ニーズ，本人・保護者の意見，教育学，医学，心理学等専門的見地からの意見，学校や地域の状況等を踏まえた総合的な観点から就学先を決定する仕組みとすることが適当である。その際，市町村教育委員会が，本人・保護者に対し十分情報提供をしつつ，本人・保護者の意見を最大限尊重し，本人・保護者と市町村教育委員会，学校等が教育的ニーズと必要な支援について合意形成を行うことを原則とし，最終的には市町村教育委員会が決定することが適当である。

⑤「合理的配慮」は，一人一人の障害の状態や教育的ニーズ等に応じて決定されるものであり，設置者・学校と本人・保護者により，発達の段階を考慮しつつ，「合理的配慮」の観点を踏まえ，「合理的配慮」について可能な限り合意形成を図った上で決定し，提供されることが望ましく，その内容を個別の教育支援計画に明記することが望ましい。

⑥　域内の教育資源の組合せ（スクールクラスター）により，域内のすべての子ども一人一人の教育的ニーズに応え，各地域におけるインクルーシブ教育システムを構築することが必要である。
⑦　インクルーシブ教育システム構築のため，すべての教員は，特別支援教育に関する一定の知識・技能を有していることが求められる。学校においても，障害のある者が教職員という職業を選択することができるよう環境整備を進めていくことが必要である。

この報告では，障害者基本法改正の趣旨を具体化し，共に学ぶことと個別の教育的ニーズに応えること（特別支援教育）を同時に追求するため，多様で柔軟な教育の場が必要であること（①，②），共に学ぶ場合には授業がわかる実感を持てることが本質的な点であるとしている（③）。そして，インクルーシブ教育システム構築にあたり，関係者の合意形成に基づく就学先決定に転換すること（④），関係者の合意形成の下に合理的配慮を提供する（⑤）ことを求めている。また，多様な学びの場の整備の在り方（⑥）や教職員等の在り方（⑦）等について，さまざまな提言を行っている。

2）合理的配慮の観点

合理的配慮とは，同報告によれば「障害のある子どもが，他の子どもと平等に『教育を受ける権利』を享有・行使することを確保するために，学校の設置者及び学校が必要かつ適当な変更・調整を行うこと」である。ただし，「学校の設置者及び学校に対して，体制面，財政面において，均衡を失した又は過度の負担を課さないもの」と定義されている。この概念は，わが国において新しいものであることから，同報告には合理的配慮の観点と配慮の例が障害種別ごとに示されている。観点の項目と肢体不自由児童生徒の配慮例を一覧に示した（表 15 - 1）。

表 15 - 1　合理的配慮の観点と配慮の例

観　点			合理的配慮の例
1 教育内容・方法	1－1 教育内容	1－1－1 学習上又は生活上の困難を改善・克服するための配慮	道具の操作の困難や移動上の制約等を改善できるように指導を行う。(片手で使うことができる道具の効果的な活用，校内の移動しにくい場所の移動方法について考えること及び実際の移動の支援等)
		1－1－2 学習内容の変更・調整	上肢の不自由により時間がかかることや活動が困難な場合の学習内容の変更・調整を行う。(書く時間の延長，書いたり計算したりする量の軽減，体育等での運動の内容の変更等)
	1－2 教育方法	1－2－1 情報・コミュニケーション及び教材の配慮	書字や計算が困難な子どもに対し上肢の機能に応じた教材や機器を提供する。(書字の能力に応じたプリント，計算ドリルの学習にパソコンを使用，話し言葉が不自由な子どもにはコミュニケーションを支援する機器〈文字盤や音声出力型の機器等〉の活用等)
		1－2－2 学習機会や体験の確保	経験の不足から理解しにくいことや移動の困難さから参加が難しい活動については，一緒に参加することができる手段等を講じる。(新しい単元に入る前に新出の語句や未経験と思われる活動のリストを示し予習できるようにする，車いす使用の子どもが栽培活動に参加できるよう高い位置に花壇を作る等)
		1－2－3 心理面・健康面の配慮	下肢の不自由による転倒のしやすさ，車いす使用に伴う健康上の問題等を踏まえた支援を行う。(体育の時間における膝や肘のサポーターの使用，長距離の移動時の介助者の確保，車いす使用時に必要な1日数回の姿勢の変換及びそのためのスペースの確保等)

2 支援体制	2－1 専門性のある指導体制の整備	体育担当教員，養護教諭，栄養職員，学校医を含むサポートチームが教育的ニーズを把握し支援の内容方法を検討する。必要に応じて特別支援学校（肢体不自由，知的障害）からの支援を受けるとともにPT，OT，ST等の指導助言を活用する。また，医療的ケアが必要な場合には看護師等，医療関係者との連携を図る。
	2－2 幼児児童生徒，教職員，保護者，地域の理解啓発を図るための配慮	移動や日常生活動作に制約があることや，移動しやすさを確保するために協力できることなどについて，周囲の児童生徒，教職員，保護者への理解啓発に努める。
	2－3 災害時等の支援体制の整備	移動の困難さを踏まえた避難の方法や体制及び避難後に必要となる支援体制を整備する。（車いすで避難する際の経路や人的体制の確保，移動が遅れる場合の対応方法の検討，避難後に必要な支援の一覧表の作成等）
3 施設・設備	3－1 校内環境のバリアフリー化	車いすによる移動やつえを用いた歩行ができるように，教室配置の工夫や施設改修を行う。（段差の解消，スロープ，手すり，開き戸，自動ドア，エレベーター，障害者用トイレの設置等）
	3－2 発達，障害の状態及び特性等に応じた指導ができる施設・設備の配慮	上肢や下肢の動きの制約に対して施設・設備を工夫又は改修するとともに，車いす等で移動しやすいような空間を確保する。（上下式のレバーの水栓，教室内を車いすで移動できる空間，廊下の障害物除去，姿勢を変換できる場所，休憩スペースの設置等）
	3－3 災害時等への対応に必要な施設・設備の配慮	移動の困難さに対して避難経路を確保し，必要な施設・設備の整備を行うとともに，災害等発生後の必要な物品を準備する。（車いす，担架，非常用電源や手動で使える機器等）

3) インクルーシブ教育システムに向けた施策の推進

この報告を受け，平成25（2013）年には，学校教育法施行令が改正され，就学先決定の仕組みが改められた。従前は，特別支援学校の対象となる障害の程度（就学基準）に該当する就学予定者は，原則として特別支援学校に就学し，市町村教育委員会に認められれば小・中学校へ就学することができた（認定就学者，図15 - 1）。改正令では，特別支援

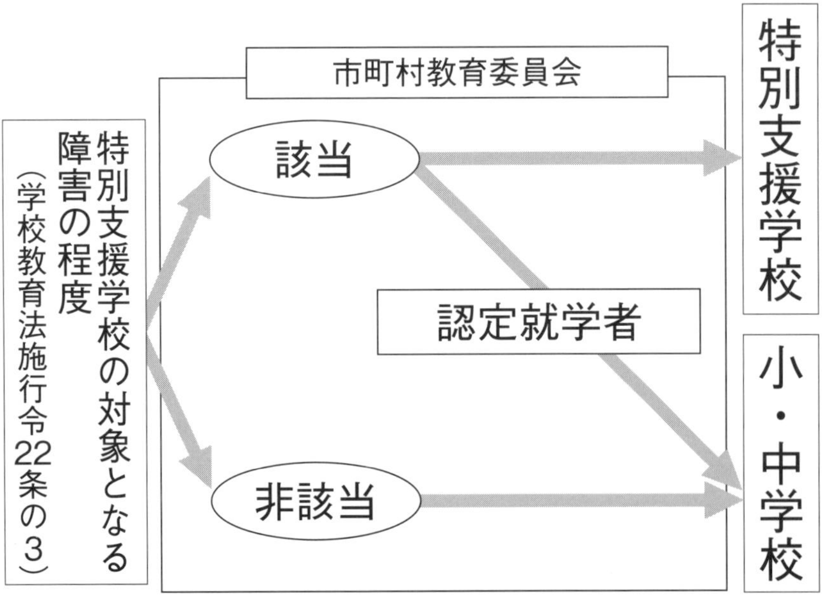

図15 - 1　従前の就学先決定の仕組み

学校の対象となる障害の程度に該当する児童生徒について，障害の状態，教育上必要な支援の内容，地域における教育体制の整備の状況，保護者及び専門家の意見等を勘案して，総合的な観点から就学先を決定する仕組みが創設された（図15 - 2）。

合理的配慮の提供に向けた施策も推進された。前述したように合理的

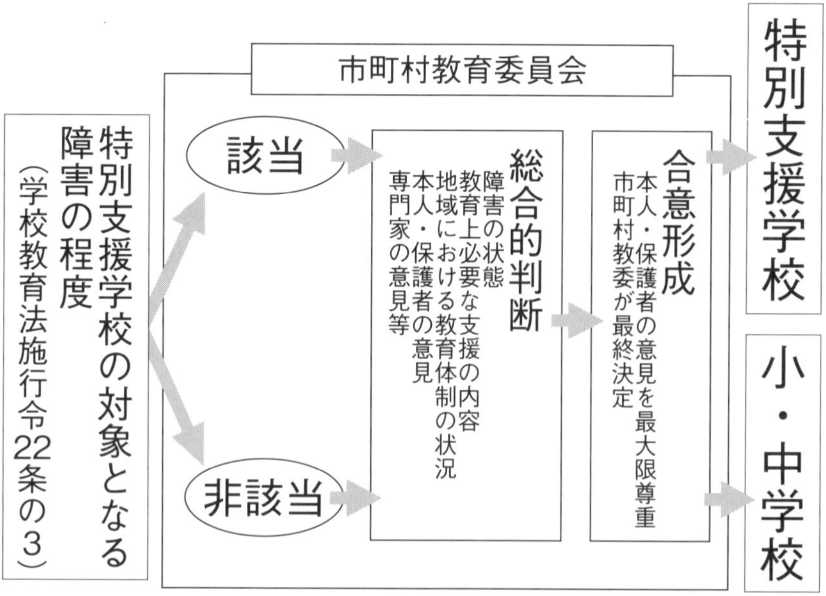

図 15 - 2　改正後の就学先決定の仕組み

平成 24（2012）年 7 月中央教育審議会初等中等教育分科会報告参考資料より
（一部改編）

配慮の観点は示されたものの，国内における理解が十分ではない状況を踏まえ，実践研究等を通じて事例を収集しデータベースが構築されてきた。現在，独立行政法人国立特別支援教育総合研究所のホームページにおいて，「合理的配慮」実践事例データベースが提供されている。

3　障害者差別解消法

平成 25（2013）年 6 月，「障害を理由とする差別の解消に関する法律」（いわゆる「障害者差別解消法」）が制定され，同 28（2016）年 4 月から施行された。平成 23（2011）年，障害者基本法に差別禁止の原則が示されていたが，この法律では差別を解消するための措置等が規定された。

まず，国，地方公共団体等及び事業者について「不当な差別的取り扱いの禁止」が義務付けられた。不当な差別的取り扱いとは，障害のある人に対して，正当な理由なく，障害を理由として差別することである。例えば，障害を理由として受付の対応を拒否したり，障害あることのみをもって学校の受験や入学を拒否したりする場合である。

また，「合理的配慮の提供」については，国・地方公共団体は義務付け，事業者は努力義務とされた。この法律で合理的配慮とは，障害のある人から，バリアを取り除くために何らかの対応を必要としているとの意思が伝えられたときに，負担が重すぎない範囲で対応することである。例えば，障害のある人から，見えにくいので座席の位置を前にすることを求められたとき，その求めに応じることなどが考えられる。

具体的な対応として，政府は差別解消の推進に関する基本方針を決定しなければならない。その基本方針を受けて，国の行政機関等は，職員が適切に対応するために，不当な差別的取り扱いや合理的配慮の具体例を盛り込んだ「対応要領」を作成することが求められる。職員対応要領の作成について，地方公共団体は努力義務とされた。また，事業を所管する国の役所は，事業者が適切に対応できるよう具体例を盛り込んだ「対応指針」を作成することとされ，事業者は「対応指針」を参考にして，障害者差別の解消に向けて自主的に取り組むことが期待されている。

第2節　次代を生きる子供を育む教育の充実

1　新学習指導要領と授業づくり

1）　新しい時代に必要となる資質・能力，「生きる力」の具体化

新学習指導要領では，新しい時代に必要となる資質・能力の育成を，「生きて働く知識・技能の習得」，「未知の状況にも対応できる思考力・判断力・表現力等の育成」，「学びを人生や社会に生かそうとする学びに

向かう力・人間性等の涵養」の 3 つに整理し，この資質能力に基づいて各教科の目標と内容を整理している。

> 基礎的・基本的な知識及び技能を確実に習得させ，これらを活用して課題を解決するために必要な思考力，判断力，表現力等を育むとともに，主体的に学習に取り組む態度を養い，個性を生かし多様な人々との協働を促す教育の充実に努めること。
> （小学校学習指導要領第 1 章第 1 の 2 (1)，中学校学習指導要領第 1 章第 1 の 2 (1)，特別支援学校小学部・中学部学習指導要領第 1 章第 2 節 2 (1)）

各教科の学習は，「知識・技能」の習得にとどまらず，それぞれの体系に応じた思考力・判断力・表現力等や情意・態度等を，それぞれの教科等の文脈に応じて育む役割がある。知的障害者である児童生徒の教育を行う特別支援学校の各教科（知的障害教科）においても「生きて働く知識・技能の習得」，「未知の状況にも対応できる思考力・判断力・表現力等の育成」，「学びを人生や社会に生かそうとする学びに向かう力・人間性等の涵養」の 3 つの資質・能力から目標と内容が整理されている。

2）カリキュラム・マネジメント

平成 29（2017）年告示の新学習指導要領には，カリキュラム・マネジメントに関して次のように記載されている。

> 第 1　小学校教育の基本と教育課程の役割
> 4　各学校においては，児童や学校，地域の実態を適切に把握し，教育の目的や目標の実現に必要な教育の内容等を教科等横断的な視点で組み立てていくこと，教育課程の実施状況を評価してその改善を図っていくこと，教育課程の実施に必要な人的又は物的な体制を確保

するとともにその改善を図っていくことなどを通して，教育課程に基づき組織的かつ計画的に各学校の教育活動の質の向上を図っていくこと（以下「カリキュラム・マネジメント」という。）に努めるものとする。

第５　学校運営上の留意事項

１　教育課程の改善と学校評価等

ア　各学校においては，校長の方針の下に，校務分掌に基づき教職員が適切に役割を分担しつつ，相互に連携しながら，各学校の特色を生かしたカリキュラム・マネジメントを行うよう努めるものとする。また，各学校が行う学校評価については，教育課程の編成，実施，改善が教育活動や学校運営の中核となることを踏まえ，カリキュラム・マネジメントと関連付けながら実施するよう留意するものとする。

（小学校学習指導要領第１章総則）（中学校学習指導要領第１章総則）（特別支援学校小学部・中学部学習指導要領第１章総則第２節及び第６節）

新学習指導要領改訂の議論においては，教科等の目標や内容を見渡し，特に学習の基盤となる資質・能力（言語能力，情報活用能力，問題発見・解決能力等）や現代的な諸課題に対応して求められる資質・能力の育成のためには，教科等横断的な学習を充実する必要があるとされている。また，「主体的・対話的で深い学び」の充実には単元など数コマ程度の授業のまとまりの中で，習得・活用・探究のバランスを工夫することが重要である。そのため，学校全体として，教育内容や時間の適切な配分，必要な人的・物的体制の確保，実施状況に基づく改善などを通して，教育課程に基づく教育活動の質を向上させ，学習の効果の最大化を図るカリキュラム・マネジメントを確立する必要がある。

カリキュラム・マネジメントには次の 3 つの側面があるとされる。①　各教科等の教育内容を相互の関係でとらえ，学校の教育目標を踏まえた教科横断的な視点で，その目標の達成に必要な教育の内容を組織的に配列していく。②　教育内容の質の向上に向けて，子供たちの姿や地域の現状等に関する調査や各種データ等に基づき，教育課程を編成し，実施し，評価して改善を図る一連の PDCA サイクルを確立する。③　教育内容と，教育活動に必要な人的・物的資源等を，地域等の外部の資源も含めて活用しながら効果的に組み合わせる。

3）主体的，対話的でより深い学び

新学習指導要領では，新しい時代に必要となる資質・能力の育成を，「生きて働く知識・技能の習得」，「未知の状況にも対応できる思考力・判断力・表現力等の育成」，「学びを人生や社会に生かそうとする学びに向かう力・人間性等の涵養」の 3 つに整理し，この資質能力に基づいて各教科の目標と内容を整理している。そして，「主体的・対話的で深い学び」の視点に立った授業改善を行うことで，学校教育における質の高い学びを実現し，学習内容を深く理解し，3 つの資質・能力を身に付け，生涯にわたって能動的（アクティブ）に学び続けるようにすることが重要であるとされている。

「主体的な学び」とは，学ぶことに興味や関心を持ち，自己のキャリア形成の方向性と関連付けながら，見通しを持って粘り強く取り組み，自己の学習活動を振り返って次につなげるような学びである。「対話的な学び」とは，あらかじめ個人で考えたことを，意見交換したり，議論したりすることで新たな考え方に気が付いたり，自分の考えをより妥当なものとしたりして，自己の考えを広げ深める学びである。「深い学び」とは，習得・活用・探究という学びの過程の中で，各教科等の特質に応じた「見方・考え方」を働かせながら，知識を相互に関連付けてより深

く理解したり，情報を精査して考えを形成したり，問題を見出して解決策を考えたり，思いや考えを基に創造したりすることに向かう学びのことである。

これまでも総合的な学習の時間における地域課題の解決や，特別活動における学級生活の諸問題の解決など，地域や他者に対して具体的に働きかけたり，対話したりして身近な問題を解決するということが行われてきた。各教科の学習においても，例えば国語や各教科等における言語活動や，社会科において課題を追究し解決する活動，理科において観察・実験を通じて課題を探究する学習，体育における運動課題を解決する学習，美術における表現や鑑賞の活動など，全ての教科等において，主体的な学び，対話的な学びが目指されてきた。このように現在既に行われているこれらの活動を，「主体的・対話的で深い学び」の視点で改善し，単元や題材のまとまりの中で指導内容を関連付けつつ，質を高めていく工夫が求められる。こうした学びを行うことによって，「生きて働く知識・技能の習得」，「未知の状況にも対応できる思考力・判断力・表現力等の育成」，「学びを人生や社会に生かそうとする学びに向かう力・人間性等の涵養」が育まれることが期待できる。

2　小・中学校等の特別支援教育の充実

新学習指導要領では，幼稚園，小学校，中学校，高等学校のいずれにおいても特別支援教育に関する記述が充実した。特別支援学級及び通級による指導に関する教育課程編成の基本的な考え方が示され，家庭，地域及び医療や福祉，保健，労働等の業務を行う関係機関との連携を図り，長期的な視点での児童への教育的支援を行うために個別の教育支援計画の作成と活用に努めることも記載された。

小学校学習指導要領には次の記載がある。

ア　障害のある児童などについては，特別支援学校等の助言又は援助を活用しつつ，個々の児童の障害の状態等に応じた指導内容や指導方法の工夫を組織的かつ計画的に行うものとする。
イ　特別支援学級において実施する特別の教育課程については，次のとおり編成するものとする。
(ア)　障害による学習上又は生活上の困難を克服し自立を図るため，特別支援学校小学部・中学部学習指導要領第 7 章に示す自立活動を取り入れること。
(イ)　児童の障害の程度や学級の実態等を考慮の上，各教科の目標や内容を下学年の教科の目標や内容に替えたり，各教科を，知的障害者である児童に対する教育を行う特別支援学校の各教科に替えたりするなどして，実態に応じた教育課程を編成すること。
ウ　障害のある児童に対して，通級による指導を行い，特別の教育課程を編成する場合には，特別支援学校小学部・中学部学習指導要領第 7 章に示す自立活動の内容を参考とし，具体的な目標や内容を定め，指導を行うものとする。その際，効果的な指導が行われるよう，各教科等と通級による指導との関連を図るなど，教師間の連携に努めるものとする。
エ　障害のある児童などについては，家庭，地域及び医療や福祉，保健，労働等の業務を行う関係機関との連携を図り，長期的な視点で児童への教育的支援を行うために，個別の教育支援計画を作成し活用することに努めるとともに，各教科等の指導に当たって，個々の児童の実態を的確に把握し，個別の指導計画を作成し活用することに努めるものとする。特に，特別支援学級に在籍する児童や通級による指導を受ける児童については，個々の児童の実態を的確に把握し，個別の教育支援計画や個別の指導計画を作成し，効果的に活用するものとする。
（小学校学習指導要領第１章　総則　第４　児童の発達の支援　２特別な配慮を必要とする児童への指導(1)障害のある児童などへの指導）（中学校学習指導要領第１章第４の２(1)）

アは，小学校，中学校の通常の学級について述べたもので，自立活動の授業は行うことができないが，自立活動の内容は，指導内容や指導方法の工夫，あるいは配慮事項として行えることを意味している。イは特別支援学級について述べたもので，ここで重要なことは，自立活動を必ず行うことが明記されたことである。ウは通級による指導について述べたもので，自立活動の内容を参考に具体的な目標や内容を定めることが書かれている。エは，家庭，地域及び医療や福祉，保健，労働等の業務を行う関係機関との連携を図り，長期的な視点での児童への教育的支援を行うために個別の教育支援計画の作成と活用に努めることが記載されている。

また高等学校学習指導要領において，通級による指導に係る単位認定の在り方が示されている。（高等学校学習指導要領第１章総則第５款生徒の発達の支援２特別な配慮を必要とする生徒への指導(1)障害のある生徒などへの指導のイ）

第３節　地域での生活の充実

１　社会に開かれた教育課程

１）社会に開かれた教育課程とは

「社会に開かれた教育課程」は，今回の学習指導要領改訂における中心をなす理念の一つである。小学校，中学校，特別支援学校の新学習指導要領の前文に，「教育課程を通して，これからの時代に求められる教育を実現していくためには，よりよい学校教育を通してよりよい社会を創るという理念を学校と社会とが共有し，それぞれにおいて，必要な学習内容をどのように学び，どのような資質・能力を身に付けられるようにするのかを教育課程において，明確にしながら，社会との連携及び協働によりその実現を図っていくという，社会に開かれた教育課程の実現が重要となる。」と記されている。

これまでも「地域に開かれた学校」は，学校運営で大切にされてきた。授業の場を広く地域に求めたり，教室に地域の人を招いて授業を行ったり，教職員が地域の活動に積極的に参加する等，地域の人との交流を深める取り組みが進められてきた。こうした「地域に開かれた学校」の成果を踏まえ，学校教育は，「開かれた教育課程」へと歩み出そうとしている。「教育課程」と示すことには，教育の組織的・体系的な営みを通して，「よりよい学校教育を通して，子どもたちを育むと同時によりよい社会を創る」という大きな目標が掲げられていると言える。

2）社会に開かれた教育課程を実現するための課題

幼稚園，小学校，中学校，高等学校及び特別支援学校の学習指導要領等の改善及び必要な方策等について（答申）では，「社会に開かれた教育課程」として，次の点が重要になる，としている。

① 社会や世界の状況を幅広く視野に入れ，よりよい学校教育を通じてよりよい社会を創るという目標を持ち，教育課程を介してその目標を社会と共有していくこと。

② これからの社会を創り出していく子供たちが，社会や世界に向き合い関わり合い，自らの人生を切り拓いていくために求められる資

質・能力とは何かを，教育課程おいて明確化し育んでいくこと。
③　教育課程の実施に当たって，地域の人的・物的資源を活用したり，放課後や土曜日等を活用した社会教育との連携を図ったりし，学校教育を学校内に閉じずに，その目指すところを社会と共有・連携しながら実現すること。

こうした重要課題を特別支援教育に引き寄せて考えれば，「よりよい，これからの社会」として目指すのは，「誰もが相互に人格と個性を尊重し支え合い，人々の多様な在り方を相互に認め合える全員参加型の社会」，つまり「共生社会」である。特別支援教育には，共生社会を形成するためのインクルーシブ教育の推進を支えたり，牽引したりする役割が，大いに期待されている。

2　交流及び共同学習

1）求められる交流及び共同学習の充実

これまでも特別支援学校と幼稚園や小・中・高等学校，特別支援学級と通常の学級などの間で，交流及び共同学習が行われてきた。新小学校・中学校・高等学校学習指導要領には，「障害のある児童生徒との交流及び共同学習の機会を設け，共に尊重し合いながら共同して生活していく態度を育むようにすること」と記述され，よりいっそう，取り組みを進めることが求められている。

そして，各学校における交流及び共同学習がより活性化されるように，文部科学省は，「心のバリアフリー学習推進会議」を設置し，平成30（2018）年２月に「学校における交流及び共同学習の推進について～『心のバリアフリー』の実現に向けて～」という報告書を取りまとめた。以下，その概要を示す。

2）交流及び共同学習の意義と目的

障害のある幼児児童生徒（以下，児童生徒等）と障害のない児童生徒等とが触れ合い共に活動する交流及び共同学習は，障害のある児童生徒等にとっても，障害のない児童生徒等にとっても，経験を深め，社会性を養い，豊かな人間性を育むとともに，互いを尊重し合う大切さを学ぶ機会になるなど，大きな意義を有するものである。

また，交流及び共同学習は，学校卒業後においても，障害のある児童生徒等にとっては，さまざまな人々と共に助け合い支え合って生きていく力となり，積極的な社会参加につながるとともに，障害のない児童生徒等にとっては，障害のある人に自然に言葉をかけて手助けをしたり，障害のある人に対する支援を行う場に積極的に参加する行動や，人々の多様な在り方を理解し，障害のある人と共に支え合う意識の醸成につながる。さらには，児童生徒等の成長を通じてその保護者の意識の向上も促すなど社会における「心のバリアフリー」の実現に資するものである。

3）交流及び共同学習を推進するための課題

①　関係者の共通理解

交流及び共同学習を行うにあたっては，学校，児童生徒等，保護者，教育委員会や福祉部局等の関係者が，取り組みの意義・目的等について，十分に理解することが重要である。

また，交流及び共同学習は，小・中学校等の通常の学級や特別支援学校等の間で行うことが考えられるため，その両者の関係者がお互いに活動の意義・目的等について理解し合うことが必要となる。

②　体制の構築

教職員の間では，交流及び共同学習の重要性は理解していても，その取り組みに対する意識や取り組み状況に差があることから，個々の教職員の取り組みに任せるのではなく，校長のリーダーシップの下，学校全体で組織的かつ計画的に進めていくことが必要である。そのため，校内において研修会や実施報告会を行い，交流及び共同学習に直接関わっていない教職員も含めて，取り組みを教習することが重要である。また，交流及び共同学習を進めていくための手続き等をまとめて各教職員に共有することで，活動を計画・実施する教職員の負担の軽減が図られるとともに，人事異動等があっても組織として引き継いでいくことができる。

③　取り組みにあたっての充実方策

交流及び共同学習を，その場限りの活動だけで終わらせないためには，児童生徒等に対する十分な事前学習と事後学修を行うことが重要である。

事前に，児童生徒等がお互いについて学び，知るとともに，取り組みの狙いを明確にしておくことで，児童生徒等が主体的に取り組むことができると考えられる。活動した後には，事後学習も重要となる。単に参加できたかどうか，楽しかったかどうか等にとどまらず，児童生徒等の意識や態度にどのような変化があったのか，ねらいは達成できたのかなど，多面的に評価することが重要である。

3　関係機関との連携

障害のある児童生徒等への支援にあたっては，行政分野を超えた切れ目のない連携が不可欠であり，いっそうの推進が求められている。

こうした課題について，文部科学省と厚生労働省では，両省による「家庭と教育と福祉の連携『トライアングル』プロジェクト」にて，支援が必要な児童生徒等やその保護者が，乳幼児期から学齢期，社会参加に至るまで，地域で切れ目のない支援が受けられる支援体制の整備について検討を行い，平成 30（2018）年 3 月にプロジェクトの報告を取りまとめた。

以下，その報告の概要を示す。

1）教育と福祉の連携

①　連携に係る課題

学校と事業所において，互いの活動内容や課題，担当者の連絡先などが共有されていないため，円滑なコミュニケーションが図られておらず連携できていない。

②　連携を推進するための方策

文部科学省は，「個別の教育支援計画」が保護者や関係機関と連携して作成されるよう，省令の改正を行った。また，厚生労働省は，事業所と学校との連携方策について，次のような点を方策として挙げた。

・教育委員会と福祉部局，学校と障害児通所事業所等との関係構築の「場」の設置
・学校の協力員等への障害のある児童生徒等に係る福祉制度の周知
・学校と障害児通所支援事業所等との連携の強化
・個別の支援計画の活用促進

2）保護者支援

①　保護者支援の課題

乳幼児期，学齢期から社会参加に至るまでの各段階で，必要となる相談窓口が分散しており，保護者は，どこに，どのような相談機関（窓口）があるのかがわかりにくく，必要な支援を十分に受けられていない。

②　保護者支援を推進するための方策

保護者が，不安を抱え込んで孤立感におそわれることのないように，支援制度や相談窓口についてわかりやすくまとまったハンドブックを作成し，周知することとした。

また，次のような点を方策として挙げた。

・保護者支援のための相談窓口の整備
・保護者支援のための情報提供の推進
・保護者同士の交流の場等の促進
・専門家による保護者への相談支援

上記の方策に加えて，医療的ケア児など医療が必要な障害のある子供に関する施策，乳幼児健診などの保健分野や早期からの教育相談を含む子育て支援施策との連携，障害のある子供が18歳に達した後の就労支援等について，引き続き関係関間の連携を深めることが求められる。

参考文献

文部科学省　小学校学習指導要領（平成29告示），2017
文部科学省　中学校学習指導要領（平成29告示），2017
文部科学省　特別支援学校小学部・中学部学習指導要領（平成29年告示），2017
文部科学省　小学校学習指導要領（平成29年告示）解説　総則編，2017
文部科学省　高等学校学習指導要領（平成30年告示），2018
心のバリアフリー学習推進会議『学校における交流及び共同学習の推進について～「心のバリアフリー」の実現に向けて～』，2018
厚生労働省　『家庭と教育と福祉の連携「トライアングル」プロジェクト報告』，2018

索引

●配列は五十音順，＊は人名を示す。

●さ　行

●た　行

●な　行

●は　行

分担執筆者紹介

（執筆の章順）

下山　直人（しもやま・なおと）

・執筆章→2・7・8・15

1957年　青森県に生まれる
1979年　青森県公立養護学校教諭
2005年　文部科学省初等中等教育局特別支援教育課特殊教育調査官
現在　筑波大学教授・同附属桐が丘特別支援学校長
専攻　肢体不自由教育，重度・重複障害教育
主な著書　『よく分かる肢体不自由教育』（共著，ミネルヴァ書房）
『知的障害特別支援学校における自立活動の指導』（監修執筆，ジアース教育新社）
『新しい自立活動の指導ハンドブック』（共編著，全国心身障害児福祉財団）
『肢体不自由教育の基本とその展開』（共著，慶應義塾大学出版会）
『これからの健康管理と医療的ケア』（共著，慶應義塾大学出版会）

米山　明（よねやま・あきら）

・執筆章→3・4

1956年	長野県に生まれる
1981年	順天堂大学医学部卒業
	同年　東京大学医学部小児科入局
現在	心身障害児総合医療療育センター外来療育部長（小児科医）
	板橋区子ども発達支援センター所長
	筑波大学附属桐が丘特別支援学校校医
専攻	小児科学，障害児医学，発達小児科学，重症心身障害学
主な著書	『発達障害のリハビリテーション　多職種アプローチの実際』（医学書院）
	『総合リハビリテーション』第1章　発達障害とはなにか（医学書院）
	『小児の精神と神経第57巻・増刊号』「在宅医療における心理的社会的支援，発達支援　ガイダンス　小児コンサルテーション・リエゾン」
	『学校メンタルヘルス　ハンドブック』 発達障害
	『JMED 治療法便覧』～私の治療～「脳性まひ」（日本医事新報社）
	『公認心理師の基礎と実践㉓関係行政論』「障害者・障害児福祉　福祉分野に関係する法律・制度」（遠見書房）

徳永　豊（とくなが・ゆたか）

・執筆章→5・10

1960年	佐賀県に生まれる
1989年	九州大学大学院教育学研究科教育心理学専攻博士課程中退
	国立特殊教育総合研究所の主任研究官・室長など経て
現在	福岡大学人文学部教育・臨床心理学科教授
専攻	発達臨床学，特別支援教育
主な著書	『障害の重い子どもの発達理解ガイド』（慶應義塾大学出版会）
	『障害の重い子どもの目標設定ガイド　第2版』（慶應義塾大学出版会）
	『重度・重複障害児の対人相互交渉における共同注意』（慶應義塾大学出版会）
	『肢体不自由教育シリーズ＜全4巻＞』（共編著，慶應義塾大学出版会）
	『自閉症教育実践マスターブック』（共編著，ジアース教育新社）
	他多数

編著者紹介

川間　健之介（かわま・けんのすけ）

・執筆章→1・6・9・11・15

1959年　岡山県に生まれる
1982年　岡山大学教育学部卒業
1986年　筑波大学大学院博士課程心身障害学研究科単位取得
　　　　筑波大学助手　山口大学助教授を経て
現在　筑波大学人間系教授　博士（教育学）
専攻　肢体不自由教育，重度・重複障害教育
主な著書　『障害児の心理』（共著，学芸図書）
　　　　『教育心理学―理論と実践』（共著，北大路書房）
　　　　『重複障害児の指導ハンドブック』（共著，全国心身障害児福祉財団）
　　　　『自立活動指導ハンドブック』（共著，全国心身障害児福祉財団）
　　　　『特別支援教育への扉』（共著，八千代出版）
　　　　『障害理解のための心理学』（共著，明石書店）
　　　　『重複障害教育実践ハンドブック』（共著，全国心身障害児福祉財団）
　　　　他多数

長沼　俊夫（ながぬま・としお）

・執筆章→12・13・14・15

1960年　東京に生まれる
1984年　早稲田大学教育学部教育学科教育心理学専修卒業
　　　　東京都公立養護学校教員
1994年　筑波大学大学院教育研究科修了
2008年　独立行政法人国立特別支援教育総合研究所総括研究員
現在　日本体育大学体育学部教授
主な著書　『特別支援教育の基礎』（共編著，大学図書出版）
『肢体不自由教育実践授業力向上シリーズ No.1・2・3・4』（共著，ジアース教育新社）
『よくわかる肢体不自由教育』（共著，ミネルヴァ書房）
『新重複障害教育ハンドブック』（共著，全国心身障害児福祉財団）
『新しい自立活動の実践ハンドブック』（共著，全国心身障害児福祉財団）
『肢体不自由教育ハンドブック』（共著，全国心身障害児福祉財団）

放送大学教材　1529331-1-2011（テレビ）

新訂　肢体不自由児の教育

発　行　2020年3月20日　第1刷
　　　　2023年1月20日　第3刷
編著者　川間健之介・長沼俊夫
発行所　一般財団法人　放送大学教育振興会
　　　　〒105-0001　東京都港区虎ノ門1-14-1　郵政福祉琴平ビル
　　　　電話　03（3502）2750

市販用は放送大学教材と同じ内容です。定価はカバーに表示してあります。
落丁本・乱丁本はお取り替えいたします。

Printed in Japan　ISBN978-4-595-32171-9　C1337